青少年正能量提升书系

意志力

在坚韧中成就好习惯

人生成功90%靠意志

意志力铸就品质，意志力成就人生

在训练中提升意志力，在坚持中成就正能量

姜 越◎主编

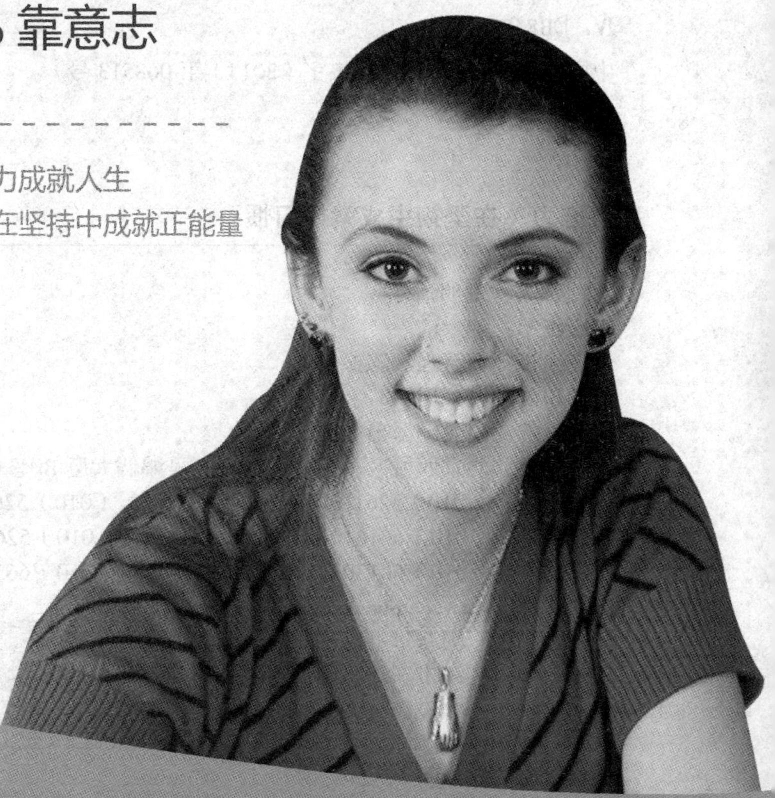

PZAI JIANREN ZHONG CHENGJIU HAO XI GUAN

PSYCHOKINESIS

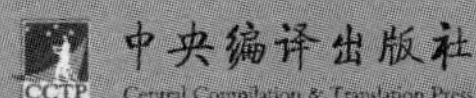

中央编译出版社
Central Compilation & Translation Press

图书在版编目（CIP）数据

意志力：在坚韧中成就好习惯 / 姜越 主编. —北京：
中央编译出版社，2013.4（2017.8重印）
（青少年正能量提升书系）

ISBN 978-7-5117-1639-2

Ⅰ. ①意…
Ⅱ. ①姜…
Ⅲ. ①成功心理—通俗读物
Ⅳ. ①B848.4-49

中国版本图书馆CIP数据核字（2013）第 068513 号

意志力：在坚韧中成就好习惯

出 版 人： 刘明清
出版统筹： 谭 洁
责任编辑： 韩慧强 陈振僧
责任印制： 尹 珺
出版发行： 中央编译出版社
地　　址： 北京西城区车公庄大街乙 5 号鸿儒大厦 B 座（100044）
电　　话： （010）52612345（总编室）　（010）52612363（编辑室）
（010）66161011（团购部）　（010）52612332（网络营销部）
（010）66130345（发行部）　（010）66509618（读者服务部）
h t t p： www. cctpbook. com
经　　销： 全国新华书店
印　　刷： 三河市新新艺印刷有限公司
开　　本： 710毫米 × 1000毫米　1/16
字　　数： 210千字
印　　张： 16.625
版　　次： 2013年6月第1版　2017年8月第2次印刷
定　　价： 33.00元

本社常年法律顾问：北京市吴栾赵阎律师事务所律师　闫军　梁勤
凡有印装质量问题，本社负责调换，电话：（010）66509618

前　言

意大利著名史学家乔万尼奥里曾经说过："人类的心理统统都是这样，而且，似乎永远是这样：愈是得不到手的东西，就愈是想得到它，而且在实现这一愿望的过程中所遇到的困难愈大，奋斗的意志就愈是坚强。"

美国总统奥巴马曾经说过："真正的力量并非来自我们武器或财富的规模，而是来自我们持久的意志力。"

成功与失败的分水岭在于意志力的强弱差异：成功者常常是意志力坚强的人；失败者常常是意志力薄弱的人。

坚强的意志力，是每个人获得成功的源泉。意志坚强的乐观主义者，无论在压力多大的情况下，都不会在思想上崩溃。不管面对怎样的处境，都会一直以充满希望、乐观的态度期待着美好的结局。正因为他们坚强、乐观，所以也常常得到成功与快乐的青睐。

审视意志，势在必行，毕竟意志存在于自知，自知来源于求知，求知基于本能，本能多了就衍生出意志，因此，在不断求知中，意志得

以丰富，可由于选择不理性，致使求知不太活跃，以致意志没有得到正确的规范，何况人的思想是建立在自以为是上，要行使意志，只能按部就班地执行，所以，求知在人们没有透露正确的方法时，是很缓慢的，仅因为意志的作用完全没用在关键上。

医学博士威廉·汉纳·汤姆森说道：“人之所以能够成为万物之灵，是因为人类拥有特殊的责任感，而让人产生强烈责任感的正是其意志。有些人刚开始似乎优势明显，聪明过人，有机会受到教育，有很高的社会地位，但其中能走得很远、获得成功的人为数并不多。他们一个接一个地变得步履蹒跚，害怕被人超越。而那些最终超越他们的人刚开始并不被世人看好，很少有人想到他们能超越那些具有明显优势的人。因为他们看起来并不聪慧过人，综合素质也远远落后于那些人。意志的力量可以解释这一切。在人的生命过程中，再也没有什么比意志力具有更强大的精神力量了！”

事实的确如此，世界上没有任何东西能够取代意志力——机遇不能，智慧不能，财富不能，社会背景也不能。

在人类历史上，依靠意志比依靠权势获得成功的人要多得多。所有伟大的成功者，也许都有这样那样的缺陷或弱点，但具备“杰出非凡的意志”却是他们的共同特征。无论遭遇什么样的挫折，身处怎样恶劣的环境或是承受多么巨大的灾难，都无法消磨他们奋发向上的决心，阻止他们勇往直前的步伐——他们唯一在做的就是——前进，前进，再前进！

为了帮助广大青少年朋友们系统地了解与提升自己的意志力，我们特别奉献了这本书。全书内容丰富，分析精辟，观点鲜明、故事新颖，理论与实践结合，引导读者深切地感悟意志力的独特魅力和强大作用，在自己今后的生活实践中，自觉地培养、训练、提高和调动意志力，引爆蕴藏在体内的潜能，锤炼坚韧不拔的意志，迎接生活中的各种挑战，开创崭新的成功人生。

目　录

第一章　品读意志，细看人生

人们经常说："意志是人生的财富"。大脑是我们人类获得成功的唯一源泉。在人的大脑中，蕴涵着无限的财富。而意志力则是人脑给予人类的重要财富之一，意志力的提高就意味着你的人生会拥有更多的富贵和成就。这种无尽的意志力，潜藏于我们每个人的身体之中。可以说，但凡能够真正创造人生奇迹的人都是充满意志之人。

第二章 坚强意志，跨越鸿沟

意志力是一种能够管理自己的情绪、控制自己的欲望、克服困难并达到预期目标的能力。如果一个人没有意志力，那么他将一生碌碌无为。意志力是人们获得成功的必要条件。良好的意志力能够帮助人们主宰自己的命运，掌控自己的心情，克服自己的惰性，坚定不移地走向成功。

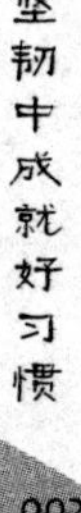

第三章 拥抱逆境，锤炼意志

人生是没有一帆风顺的，因为你的另一半命运是掌握在上帝的手中，它总爱这么捉弄人，抛洒下不幸和痛苦，但聪明人不但不恨它，反而感谢它，因为人生在得到金钱、地位、名誉、健康或美貌后，还需要逆境作陪衬，这才算是真正的人生。逆境是人生的必修课，只有通过了逆境的考验，才能最终到达成功的彼岸。而没有通过逆境，即使获得了成功也只是运气或者依靠他人的结果，最终的成功也不会真正属于你自己。

第四章 顽强的意志，忠诚的伴侣

意志力有动态和静态之分。一方面，它是引导人类行动的力量；而另一方面，它又是人们在这些行动中的行为。因此，当一个人能够在某一事件或一连串事件中表现出极大的决心、恒心、信心时，就会被认为拥有很强的意志力（静态的）；而他意志力的特性，需要通过他的决心或行动的力度和持久性体现出来。这样，在这一过程中所展现出来的意志力就变为了动态的意志力。

第五章 胜在意志，赢在品质

人的意志品质，就是人在意志行动中表现出来的较为稳定鲜明的心理特征。这些特征一旦缺失，那将会使我们的意志薄弱。如果你想在今后的人生中青云直上，如果你想让既定的目标顺利完成，就必须拥有这些优良品质，如此，才能成就大业。

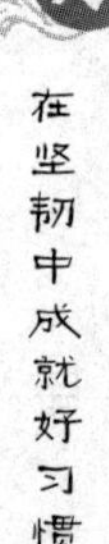

第六章 自我锤炼，塑造钢铁意志

人的意志力就如同一个充电电池，其放电的能量是由它的容量和它的疏导系统决定的。它可以积聚很多的能量，在一定的条件下能够释放出强大的电流。同样，人的意志力在某个事件或者某种特殊的情况下也能产生强大的能量，指引人们不断进步。所以，如果一个人能有意识地注意提升自己的意志，那么他将获得一种不可低估的力量。

第七章 自我治疗，还原健康人生

意志力也会患病吗？答案是肯定的。有时意志也像身体的其他器官一样，出现病态。“好逸恶劳”、“拈轻怕重”就是一种意志力疾病，其实我们每个人身上都或多或少有些意志力疾病，这些疾病既有生理引起的，也有心理引起的，并且表现为种种特征和病因。

品读意志，细看人生

人们经常说：『意志是人生的财富』。

大脑是我们人类获得成功的唯一源泉。在人的大脑中，蕴涵着无限的财富。而意志力则是人脑给予人类的重要财富之一，意志力的提高就意味着你的人生会拥有更多的富贵和成就。这种无尽的意志力，潜藏于我们每个人的身体之中。可以说，但凡能够真正创造人生奇迹的人都是充满意志之人。

认识意志的力量

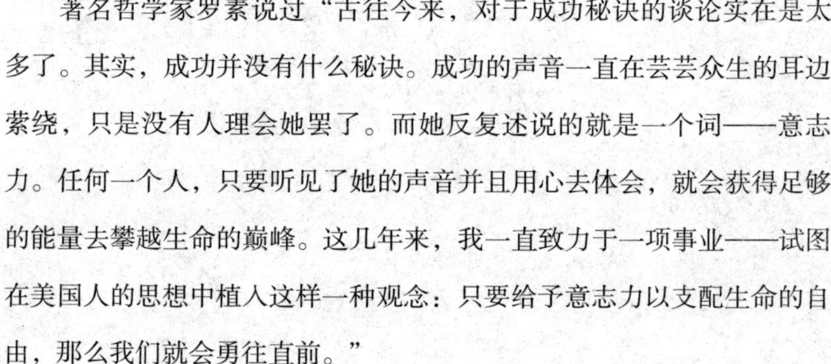

著名哲学家罗素说过“古往今来，对于成功秘诀的谈论实在是太多了。其实，成功并没有什么秘诀。成功的声音一直在芸芸众生的耳边萦绕，只是没有人理会她罢了。而她反复述说的就是一个词——意志力。任何一个人，只要听见了她的声音并且用心去体会，就会获得足够的能量去攀越生命的巅峰。这几年来，我一直致力于一项事业——试图在美国人的思想中植入这样一种观念：只要给予意志力以支配生命的自由，那么我们就会勇往直前。”

意志是人最重要的心理素质，是成功者最不可缺少的“精神钙质”。那么意志力究竟是怎样的一个含义呢？

我们不急于给意志力下一个抽象的定义，不妨先看看著名的世界冠军威尔玛的成长经历，从中我们会对意志力的内涵有深切的领悟。

1940年6月25日，在美国一个贫困的铁路工人家庭，一位黑人妇女生下了她一生中的第20个孩子，这是个女孩，取名为威尔玛·鲁道夫。

在威尔玛4岁的时候，她不幸患上了双侧肺肺炎和猩红热两种病。而在当时，这两种病都属于致命的疾病。威尔玛的母亲抱着威尔玛跑遍全国各地去寻找治病良方，而她所看到的都是医生们的摇头，听到的都是“无法治愈”，她觉得可怜的威尔玛一定是保不住了。然而，奄奄一息的威尔玛竟然活了过来。不过猩红热导致了小儿麻痹症，使她的左腿残疾了。从那以后，威尔玛只能依靠拐杖行走。每当看到其他孩子奔跑嬉戏时，威尔玛都会感到十分伤心和沮丧。

对威尔玛来说，那是一段极为灰暗的日子。母亲把更多的心血倾注在这个可怜的小女儿身上，不断地鼓励她，让她相信自己，坚强起来。母亲的鼓励使小威尔玛看到了未来的阳光，她对母亲说过：“我的心中有个梦，不知道能不能实现。”母亲问威尔玛那是一个怎样的梦？威尔玛坚定地说：“我想比邻居家的孩子跑得还快！”

母亲虽然一直不断地鼓励她，可此时还是忍不住哭了，她知道孩子的这个梦想将难以实现，除非奇迹出现。

在威尔玛5岁那年，一天，母亲听说城里有位善良的医生免费为穷人家的孩子治病。母亲便用手推车推着女儿用了三天时间，来到了城里的医院，找到了那位医生。母亲恳求医生帮助自己的孩子。医生随后便为威尔玛进行了全身检查。当他出来的时候，手里拿了一副拐杖。母亲对医生说：“我们已经有拐杖了。我希望她能靠自己的腿走路，而不是借助拐杖。”医生说：“你的孩子患的是严重的小儿麻痹症，只有借助拐杖才能行走。”

历经苦难的母亲并没有因此而放弃，她继续四处寻医。一次，她听说为患肢泡热水和按摩可以治疗小儿麻痹症。于是，母亲便每天坚持为威尔玛按摩、泡热水。她还不断地打听治疗小儿麻痹症的偏方，买来各种各样的草药为威尔玛涂抹。

奇迹终于出现了！威尔玛9岁那年的一天，她扔掉拐杖站了起来。母

亲一把抱住自己的孩子，泪如雨下。四年的辛苦和期盼终于有了回报。

又过了两年，11岁的威尔玛依然不能像正常人一样行走，但她依旧每天坚持穿着特制的钉鞋练习走路。最初，在母亲和其他兄弟姐妹的帮助下，威尔玛一小步一小步地行走，一段时间之后，她逐渐地能够自己行走了。夏日的一天，威尔玛在院子中饶有兴致地看哥哥们打篮球，因为一时入了迷，小威尔玛跃跃欲试，竟然一下子将那双钉鞋脱去，准备和哥哥们一起玩篮球。哥哥们惊奇地说："威尔玛会走路了！"威尔玛兴奋地光着脚在院子里不停地走，好像要把以前没走过的路全都补回来。全家人都开心极了，聚集在院子里看威尔玛光着脚行走，那是比世界上任何节目都要好看的场景。

时光飞逝，威尔玛已经13岁了，已经上初中的她决定参加学校的短跑比赛。老师和同学们都知道她曾经得过小儿麻痹症，这时候她的腿脚并没有完全恢复正常，于是大家都劝她先不要参加比赛。而威尔玛却坚决要参加，老师便把这件事告诉了她的母亲，本想着让她的母亲好好劝劝她。不料，威尔玛的母亲却说："她的腿已经好了。让她参加吧，我相信她能超越自己。"结果证明母亲的话是正确的。

比赛那天，威尔玛在母亲的鼓励下，以顽强的毅力获得了100米和200米短跑冠军，使整个校园都为之一震，老师和同学们也都佩服她的勇气和精神。从那以后，威尔玛对短跑运动更加热爱，尽自己所能参加短跑比赛，而且都取得了不俗的成绩。然而，人们并不知道威尔玛那双并不灵活的腿为何变得如此神奇而有力，不知道威尔玛在成功的背后付出了多少艰辛。而只有母亲知道自己倔强的女儿为了实现那个比其他孩子跑得更快的梦想，每天早上坚持练习短跑，直练到小腿发胀、酸痛也不放弃。

在1956年的奥运会上，16岁的威尔玛在4×100米的短跑接力赛中，与队友一起获得了铜牌。1960年，威尔玛以22秒9的成绩打破了美国田径锦标赛200米的世界纪录。在同年的罗马奥运会上，她登上了体育生涯中辉煌的巅峰。她在100米、200米和4×100米接力比赛中，全部获得了冠军，接连拿到三块奥运金牌。

是什么力量让一个从小就左腿残疾的小孩闯过命运的低谷，并最终成长为震惊世界的田径冠军？答案就是——意志。

意志是人自觉地确定目的，并根据目的调节支配自身的行动，克服困难，去实现预定目标的心理过程，是人的主观能动性的突出表现形式。

作为一种普遍的“心智功能”，意志力是为人所熟知的东西，我们每天都能感受到它的存在。尽管不同的人对于意志力的源泉，对于意志力如何影响人，以及意志力的积极作用和局限性有着不同的看法，但大家都认同这样的看法：意志力本身是人类精神领域一个不可或缺的组成部分，甚至在我们每个人的生命中，意志力都发挥着超乎寻常的作用。

有人说意志力是一种有意识的心理功能，也就是说它是经过人们深思熟虑的。然而，意志力真的都是人们经过深思熟虑之后的结果吗？有很多看似无意识的行为，也许正是一个人意志力的体现；而还有一些看似脱离人的意志力指引的行为却是有意识的。人的一切有意识的行动都是经过考虑的，因为即便这一行动是在瞬间做出的，思考的因素仍然在其中发挥着作用。所以，意志力是自我引导的力量，只有认识到了意志的超凡力量，并锻炼意志，相信终有一天会迎来人生的辉煌。

坚强的意志从何而来

我们已经了解了意志力的神奇力量，那么人的意志力究竟是从哪里来的呢？人的意志品质到底是怎样形成的呢？

心理学认为，人的意志品质不是生来就有的，而是在人与环境的交互作用下发展而来的。人的意志品质的形成受着先天生理因素的影响，但决定于后天的社会环境影响和教育的作用。

下面我们从两个方面来讨论。

首先，我们谈谈先天的生理机制对意志形成的作用。

意志作为一种心理过程，和认识、情感过程一样，是人脑的一种机能。意志过程是人类特有的心理现象，它的生理机制极为复杂，到目前为止还缺乏完善而充分的研究。意志行动是由一系列随意运动为基础实现的有目的的行动。人们对随意运动的机制，已有比较清楚的了解。因此，了解随意运动的生理机制，有助于理解意志过程的生理机制。

人的大脑皮层是随意运动的最高“指挥部”。大脑皮层的运动分析器对于随意运动具有特别重要的意义。所谓运动分析器就是一个使神经冲动由外向内传入，再由内向外传出的神经机制，它感受来自运动器

官的神经冲动，并调节运动器官的运动。

运动分析器的皮层部分有两种细胞：运动感觉细胞和运动细胞。随意运动就是在这两种细胞之间建立联系的结果。同时，运动分析器的细胞还能与其他分析器的细胞建立联系。因此，来自机体内外的各种刺激，都可以通过暂时神经联系，引起皮层运动区神经细胞的兴奋和抑制，从而引起或抑制有关的运动。而且，人的每个运动反应又会顺着返回传入神经反馈给大脑一个信号，使大脑根据这个信号，不断地校正行动，以符合要求。就是在大脑皮层运动分析器这样的调节控制下，人完成了一个随意运动。在此基础上，人实现着自己的意志行动。

上面了解了运动分析器是怎样调节人完成随意运动的，下面再了解一下意志行动的皮层定位问题。

研究表明，大脑皮层的额叶（即前额部分）是形成人的意志行动，并保证将意志行动的目的贯彻执行的重要部位。临床研究表明，额叶严重受损，可导致行动计划和程序形成功能障碍，并且不能意识到自己行动的异常。例如，要求病人依次画圆圈、十字、三角形、正方形等，但他只会画了一个又一个圆圈，不断地画圆圈。可见额叶担负着组织和监督随意运动的功能。儿童的额叶比其他皮层区发育成熟得较晚，因此，孩子年龄越小，自觉性和自制性越差。除此之外，临床研究也发现，额叶受损，病人会出现病态的优柔寡断。可见，大脑皮层是随意运动的“最高指挥部”。

按照巴甫洛夫的观点，语词在人的意志行动中起着主导作用，它是全部高级神经活动的随意运动的高级调节者。人的意志行动始终是在语词参与下的两种信号系统协同活动中实现的。语词对人的行动起着调节和支配作用。人们在头脑中确定目的，按照目的行动，实际上就是以语词为信号向自己提出要求，以调节行动。由于语词具有概括性和抽象性，人的活动可以不依赖于具体事物的直接刺激，在行动前能预先确定目的、计划，发动或停止、加速或减慢自己的运动，使随意运动有了自觉意识的特点，体现出人的意志。例如，我们在紧张或困难的情境中，往往会用“别怕”、“冷静些”、“坚持就是胜利”等鼓励自己，克服主客观困难。可见，大脑皮层上和语词相关的第二信号系统在随意运动中不仅起发动作用，而且起制止作用。孩子小则意志力差，也与他们的语言发展有关。

按照巴甫洛夫学说，人的高级神经活动类型也影响着意志品质的形成。人的高级神经活动有三个特性：兴奋和抑制的强度；兴奋和抑制的平衡性；兴奋和抑制转化的灵活性。不同的人由于遗传因素在这三个特性上存在差别，从而构成了不同的高级神经活动类型。巴甫洛夫发现有以下四种类型：一是强而不平衡型；二是强、平衡、灵活型；三是强、平衡、不灵活型；四是弱型。不同的人所具有的高级神经活动类型，对其形成各种不同的意志品质会起一定的促进或阻碍作用。就是说，不同神经类型的人形成某一意志品质的难易不同。比如，强而不平衡型的人培养自制性就比较困难，而强、平衡、不灵活型的人培养坚持性就较为容易。

现在，我们再来看一下后天的环境和教育对意志形成的作用。

虽然先天的生理机制对意志的形成起着重要作用，但大量研究表明，对意志品质形成起决定作用的是后天的社会环境和教育。

有一项研究专门考察了双生子意志品质形成的情况。双生子有两种：一种叫同卵双生子，另一种叫异卵双生子。同卵双生子是由一个受精卵分裂发育而来的，具有完全相同的遗传基因。如果说他们的意志品质有差别的话，那就完全可归因于后天的环境和教育。异卵双生子是由不同受精卵发育而来的，他们的遗传基因并不比一般兄弟姐妹有更多共同点。如果说他们的意志品质有差别的话，那就除主要归因于环境和教育作用外，还有一定的遗传影响。这项研究以被试能否遵守纪律，有无自制性和坚持性，以及胆量大小等意志行动特点为指标，编拟出8对问题来考察被试的意志品质。结果如下：在相同或相似环境下长大的24对同卵双生子的一致性的相关系数为0. 67；24对异卵双生子的一致性的相关系数为0. 61。而在不同环境下长大的7对同卵双生子的一致性的相关系数仅为0. 48。

这项研究告诉我们什么呢？第一，同卵双生子和异卵双生子在意志品质上的表现尽管有差异（相关系数分别为0. 67和0. 61），但差异不明显，从而表明遗传对意志品质的影响不大。第二，具有同样遗传素质的同卵双生子在不同环境下其意志品质存在着显著的差异（相关系数分别为0. 67和0. 48），可见环境对人的意志品质形成起决定作用。

至此，人的意志从哪里来的问题有了明确的答案：先天的生理机制是意志形成的基础，后天的环境和教育是决定条件。

意志力是心智的“统帅”

如果意志力是正确的，那么，它就可以控制人类的各种思维机

能——意志力是人类心智的统帅。以集中注意力为例。拿两张沾有不同香水的纸条，我们可以嗅到两种不同的香气。但当我们集中注意力，全心全意去感受其中一种香水的味道时，那我们嗅到的只会是一种而不是两种香味。

再比如，一个对生理学和心理学知识非常了解的人，通常会在集中注意力方面表现出巨大的潜力，他能够尽量去感受各种变化，甚至能感觉到身边每一个细节的细小变化。儿童在学习走路的过程中通常也能表现出这种全神贯注的精神。声乐练习也同样需要练习者注意力高度集中，要集中精力倾听每一个音符，注意这些音符形成的旋律。几乎所有工具、乐器的使用都对意志力的集中有着严格要求，并且这些乐器越精密复杂，控制起来就越困难，同时对意志力的要求也越高。从这一点来讲，想要练就一种精湛的技艺，就必须具有强大的意志力支持，这是一条普遍适用的规则。

无论是画家作画，还是音乐家聆听优美的乐曲时，都需要思想高度集中。这无不表现了意志力是人类心智的统帅这个规律。

有一位画家，他一年内画了很多幅肖像画。他说："当模特来到我面前时，我会聚精会神地凝视他半个小时。偶尔在画布上勾出他的轮廓。除此以外，我不会想其他任何问题，也不会在画布上多画些什么。我会将画布搁起来，然后再准备好给下一个人描画轮廓。当我想继续画完第一张肖像画的时候，只需把那张画拿出来，然后放在画板上。当我看到画中的轮廓时，我就能清晰地记起模特的模样，仿佛看到他本人站在我的画板前一样。"

还有一个关于著名雕塑家大卫的传说，也与上一个例子十分相似，证明意志力是人类心智的调动器，牢牢控制着人的思维——据说大卫准备为一位即将离开人世的妇女雕塑一座半身像，但又不想惊动她，于是，他就假扮成珠宝商去拜访这位女士。但见面的时间很短，大卫只能努力记忆她的模样，回去之后完全凭记忆中的形象用石头进行雕刻。

同样，布林德·汤姆在倾听每一支曲调变化复杂的乐曲时，总是聚精会神，几乎完全陶醉其中，令人不可思议的是，过后他能立刻将这首乐曲演奏出来，并且演奏得与原来的乐曲丝毫不差。

以上种种无不证明意志是心智的统帅，从某种程度上来讲，我们可以得出这样的结论：成就天才的奥秘就是要保持注意力高度集中。同样，探究复杂的发展趋势，我们也要以极大的精力关注种种事实真相，以及它们之间的相互关系等，并且还要不厌其烦、坚持不懈地对它们进行比较、综合、分割、提炼，只有这样，才能弄清事实真相。军事天才拿破仑在这些方面就有着超乎寻常的能力，他能在战场上保持长时间高度集中的注意力，有时甚至废寝忘食，通宵达旦，因此他能成为常胜将军。美国威斯康星州的参议员卡朋特在表决重要决议的前一天晚上，也总会在满是法典的书房中把自己隔绝开，直至第二天早晨都不会考虑决议以外的事情，让自己完完全全沉浸在对这一问题的思考之中。诗人拜伦也喜欢与世隔绝，只喜欢与白兰地和水为伴，连续几个小时陶醉在艰苦的诗歌创作之中。

与此同时，在除了思考以外的记忆过程中也存在意志的力量。在这种情况下，意志力往往会依靠自己的能量向人们的精神输入电力。当然还有一些东西会在兴趣的影响下在人的头脑当中留下印记。我们每个人都会有这样的感觉，在学习知识的过程中，大脑特别需要意志力的不断支撑和鼓励。如果采用小和尚念经或者反复诵读的学习方法，那将会什么也记不住。而且在记忆过程中，需要全心全意地集中注意力，要有“记住！一定要记住！”的信念，这种信念就是意志力对人思想的作用。

著名历史学家威廉·普雷斯科特的视力不太好，于是他就特别加强自己的记忆力训练，以便可以将长达60页的著作通过记忆口述出来。弗朗西斯·帕克曼和达尔文的视力也很差，但他们都具有惊人的记忆力。确实，有些人在某一方面天生就有十分强大的能力，但真正有用的记忆力却必须依赖于意志力的驱动和坚持不懈的努力。记忆总是与想象力密切相关。对于过去的东西，如果大脑只是一片空白，那么它就无法拼凑出想象的图景。想象有着一系列奇妙的特性，如强制性、目的性和控制力。弥尔顿的想象力非常丰富，他在创作《失乐园》之前，就已经在大脑中对各种宏伟景象进行了描绘。如果没有意志力的指导，盎格鲁能够看到不朽的图景吗？如果没有想象力，理想中的世界能够变成现实吗？美好的想象力无疑可以踏过思维的草原，让人们对世界有更深切的认识。

有一次，当歌德谈到某次想象的经历时，说：“这是我第一次如此深刻地认识到，我竟然有如此天赋，对于我潜心研究的作品，我可以想象出其作者的特色。”有时我们会在头脑中冒出各种念头，尽管这种念头极为新颖，但是或多或少有些模糊和令人迷惑。然而，只有付出大量的努力和心血，才能在脑海中建立起这种丰富的联想。这就需要意志的力量。需要用意志力对这些想象、记忆、思考等心智活动进行操控。

坚定不移的信念和强大的意志力，能够使人形成对事物及事物之间的相互关系的深刻而可辨的观察与看法。如果一个人没有实现自己的目标，没有在某些方面取得成就，一般都是因为自己的精神没有得到强大意志力的正确指引，导致我们不能对事物进行更加细致入微的分析。在意志力的正确指导下，人能够深刻认识客观事物的本质及其规律，联想起一连串事实、一个地区的概况，甚至能够想起自己曾经对未来的美好幻想以及对现实生活的精彩勾画。总而言之，意志力是心智的“统帅”。

意志力是成功的助推剂

奥里森·马登说：“一生的成败，全系于意志力的强弱。具有坚强意志力的人，遇到任何艰难障碍，都能克服困难，消除障碍。但意志薄弱的人，一遇到挫折，便思求退缩，最终归于失败。实际生活中有许多青年，他们很希望上进，但是意志薄弱，没有坚强的决心，没有破釜沉舟的信念，一遇挫折，立即后退，所以终遭失败。”

人类的意志力具有某种神秘的力量。它本是为人所熟知的东西，我们每天都能感受到它的存在。我们每个人都不同程度地受自己意志力的影响。

一个人如果能做到自觉提升自己的意志力，那么他就会获得一种巨大的力量。这种力量不仅能够很好地管理一个人的精神世界，还可以使人的心智得到一定的提高。这个时候，智能、天赋或能力都将在人的身上体现出来。因此，所有那些人们从来都无法看见的东西实际上就存在于人的自身，而这把能够开启洞察力和征服力的能量之门的神奇钥匙就是意志力。

正如爱默生告诉我们的：“只有当人和他的意志相互沟通，融为一体时，这个世界才有驱动力。”

意志力是引导我们获得成功的巨大精神力量。如果你拥有完善的意志力，那么你全身的能量都可以在它的召唤下聚合起来，从而实现你的成功。

第二次世界大战中扭转战局的一役，是发生在前苏联一个小城的战斗——斯大林格勒保卫战。

过去两百年来，俄国人凭着顽强的意志力，两度孤军击败全欧洲，成为不可一世的枭雄霸主，从欧亚边陲小国，跃升为超级强国。

1812年，法军挥兵直攻俄国，俄国沙皇亚历山大一世不惜火焚莫斯科城，用焦土政策抗战到底，在北国严冬助阵下，拿破仑仓皇兵败，60万大军活着逃回法国者仅3万人。

1941年，希特勒率领的德军兵分三路直攻前苏联，不到几个月，600万前苏联红军，450万被歼被俘。在亡国危机下，斯大林下令誓死保卫绝不撤退，列宁格勒被德军围城890天，约200万市民饿死了100多万人，仍然顽强地拒绝投降。更壮烈的是斯大林格勒，整个城市被敌人炸烂到没有一栋完整的房屋，也没有一棵绿树。

在斯大林格勒的瓦砾废墟中，发生了无数可歌可泣的故事。一个小小的红军上士，率领全排士兵死守阵地，所消灭的敌人数量，竟然比德军进攻巴黎时阵亡的还多！最后德军全军覆没，希特勒也步上拿破仑的后尘。

没有比战争更残酷的考验，也唯有在生死存亡间，人们才能淬炼出钢铁般的意志力。

中国史书《吴越春秋》写的是春秋时代吴越两国的故事。书中最有意思的是两个人物——伍子胥和勾践的意志力战争。

伍子胥是一个刚正不阿，谋略不凡之人，却惨遭奸臣谗害导致灭门之灾，此后伍子胥开始了他的逃亡之旅，最后栖身于蛮荒之地——吴国。此时的伍子胥并没有被面临的灾祸所打倒，他虽然是一个一无所有的流亡者，却带着强烈的复仇意志，发誓一定要消灭当时最强大的楚国。此后，他便到处结交有识之士，刺杀吴王僚，并协助阖闾继任吴王，秣马厉兵9年，最终大败楚军，攻占了楚国的郢都，将楚平王的尸骨从坟墓挖出来进行鞭尸。当时，素有春秋五霸之称的齐晋等国都难以抵挡楚国，而伍子胥竟然能依靠一个边陲小国，几乎把楚国消灭，差点将中国的历史改写，这与其强烈的复仇意志力是分不开的！

越王勾践被吴国打败，不幸沦为阶下囚。勾践被吴王安排住在吴国大殿旁边的一间石屋里，为吴王阖闾喂马，勾践的妻子则被安排到宫中作侍女。夫差每次坐车出去，勾践就给他拉马。有一次，夫差感冒身体不适，勾践竟为夫差尝粪便以查看病情，此举深深地感动了夫差。两年后，夫差认为勾践真心归顺于他，就放勾践夫妇回归故里。

回到越国后，勾践时刻不忘报仇雪耻。他唯恐眼前的安逸消磨了自己复仇的意志，便在吃饭的地方挂一个苦胆，每逢吃饭的时候，就尝一尝苦味，扪心自问："你忘了会稽的耻辱了吗？"他还把席子撤去，用柴草当褥子。凭着无人能及的意志力，勾践终于大败吴国，一雪前耻。

再说个国外的例子。有这样一位病恹恹的美国人，他在3岁时，得了严重的猩红热，在医院躺了数月，后来靠着一剂强心针，勉强摆脱了

死神的纠缠。18岁时，他又染上了一种怪病，住进波士顿的一家医院。在写给朋友的信中，身心俱疲的他流露出了绝望：“也许，明天你就得参加我的葬礼了！”

26岁时，他通过隐瞒病史参加了海军。在与日本人的一场海战中，他所在的军舰不幸被击沉。最后他靠一块木板捡回了一条命，却因此落下了更严重的后遗症。

30岁时，他去英国出远差，突发虚脱昏倒在一家旅馆里。当时，英国最高明的医生断言他“最多只能活1年”。

37岁时，他身上多种病症并发，长时间卧床不起。

可就是这样一位从小到大百病缠身的人，从平民百姓起步，到工人、军人、作家再到议员，一步一个脚印，终于在43岁那年，成为美国历史上最年轻的总统，他就是约翰·肯尼迪。

很少有人知道，外表上看起来精力充沛、风流倜傥的肯尼迪，实际上却是个疾病缠身之人。在他各个发病期的主治医生都了解这一情况，同时，他们也看到了肯尼迪的勤奋和努力：在他的病床上，你会随时看到堆积的书籍和笔记本；在他35岁的时候，他在病床上创作了《勇敢者》，这部描写二战期间故事的书还获得了当年的普利策奖。在当上总统以后，他的病情更加严重，有时甚至不能办公，即使这样他也会躺在疗养室的温水池里阅文件、下指示……疾病与死亡的威胁时刻在他身边隐藏，而这种威胁使他更加珍惜拥有生命的宝贵时光，所以，在短暂的生命中，他废寝忘食、孜孜不倦，成为美国历史上最有影响力的总统之一，被许多人誉为“与时间赛跑的人”，这不能不说是一个奇迹。

按常理，疾病对一个人而言，意味着事业的停滞；而肯尼迪的人生却向人们昭示了疾病的另一面。肯尼迪的奋斗经历，无疑可以成为一

面镜子，照亮我们自己所欠缺的、较量困难的意志、以及把握光阴的自觉性。

加西亚·马尔克斯是哥伦比亚著名作家、1982年诺贝尔文学奖得主，也是《百年孤独》的作者。当他被全球18位权威文学评论家推选为当今世界最伟大的10位作家之首的时候，面对报界采访的他，却说了一段出人意料的话："我非常感谢诸位尊敬的文学评论家对我的厚爱和鼓励，我非常珍惜随着我的声誉而来的各种荣耀。但是，我更珍惜从我童年起就经受的种种打击、挫折乃至失败。我至今仍然清楚地记得伟大的编辑吉列尔莫·德托雷先生，是他毫不留情地退回了我的第一部小说……"

原来，在马尔克斯22岁那一年，他呕心沥血完成了第一部小说《枯枝败叶》。今天的文学评论家对这部书的评价非常之高，但是在当时，这部书稿却屡遭退稿。当他把这部书稿送到阿根廷布宜诺斯艾利斯著名的洛萨达出版社后不久，便收到该社审稿编辑、西班牙著名文学评论家吉列尔莫·德托雷寄来的退稿，其中还附有一条措辞生硬的评语："此书毫无价值，但艺术上似乎有可取之处。"

另外，这位伟大的编辑还忠告作者最好改行从事其他更有价值的工作。在他眼里，马尔克斯在文学方面是个庸才。这样的打击对于年轻的马尔克斯来说无疑是沉重的，当他收到这位编辑的退稿信时，就好像被迎头泼下了一盆冷水。但是他并没有被这盆冷水浇灭希望的火焰，他依旧不想放弃自己对文学的追求。

马尔克斯出自内心说德托雷是伟大的编辑。在他看来，德托雷伟大就伟大在他逼出了世界上最伟大的作家。德托雷的退稿信成了马尔克斯努力的动力，当他看到这封信，就好像看到了别人对他的嘲笑，这是

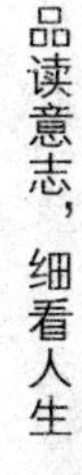

他无法容忍的，他要用最好的作品来证明。他不服气，在挫折与失败面前，咬紧牙关，迎风而上，最终攀登了世界文学的高峰。

无数成功者并没有超常的智能，也不是没有经历过失败，而是他们相信自己必将战胜挫折，迎来成功。

意志力是人类最大的奇迹，它可以坚强到比钢铁还坚硬，帮助你挑战超越极限的伟大目标，忍受别人所不能忍受的痛苦，让你在绝对劣势下反败为胜。每个人都是自己命运的主宰者，无论是在逆境还是在顺境之中，人生之舵完全由自己掌握。要知道，意志力是成功的向导，更是成功的助推剂。

意志力铸就辉煌

坚韧执着是一种非凡的意志力，它是帮助一个人面对反复拒绝后的失落以及跨越成功路上无数阻碍的重要法宝。在无数成功者的性格词典里，“顽强的意志”无疑是他们迈向成功的可贵性格之一。

居里夫人说：“人要有毅力，否则将一事无成。”一个艰难的成长背景能够让我们变得更有弹性，艰苦的生活会淬炼我们的毅力，增强我们面对未来挑战的能耐，困难的成长背景摇身一变，就成了人生难得的恩赐。所有的成功者都没有因为自己的缺憾而感到气馁，而是用顽强

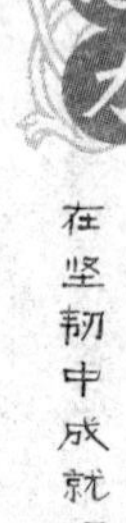

的意志挑战生命中的一切不如意，并且矢志不渝。

美国的商业家威尔逊，是从一个普普通通的事务所小职员做起的，经过多年的奋斗，终于拥有了自己的公司，并且受到了人们的尊敬。

有一天，威尔逊从他的办公楼里走出来，刚走到街上，就听见身后传来“嗒嗒嗒”的声音，那是盲人用竹竿敲打地面发出的声响。威尔逊愣了一下，缓缓地转过身。

盲人感觉到前面有人，连忙打起精神，上前说道：“尊敬的先生，您一定发现我是一个可怜的盲人，能不能占用您一点点时间呢？”

威尔逊说：“我要去会见一个重要的客户，你有什么就快说吧。”

盲人在一个包里摸索了半天，掏出一个打火机，放到威尔逊的手里，说：“先生，这个打火机只卖1美元，这可是最好的打火机啊。”

威尔逊听了，叹口气，把手伸进西服口袋，掏出一张钞票递给盲人：“我不抽烟，但我愿意帮助你。这个打火机，也许我可以送给开电梯的小伙子。”

盲人用手摸了一下那张钞票，竟然是100美元！他用颤抖的手反复抚摸着这钱，嘴里连连感激着：“您是我遇见过的最慷慨的先生！仁慈的富人啊，我为您祈祷！上帝保佑您！”

威尔逊笑了笑，正准备走，盲人拉住他，又喋喋不休地说：“您不知道，我并不是一生下来就瞎的。都是23年前布尔顿的那次事故！太可怕了！”

威尔逊一震，问道：“你是在那次化工厂爆炸中失明的吗？”

盲人仿佛遇见了知音，兴奋得连连点头：“是啊是啊，您也知道？这也难怪，那次爆炸仅炸死的人就有93人，受伤的人有好几百，可是头条新闻哪！”盲人想用自己的遭遇打动威尔逊，争取多得到一些

钱，便接着可怜巴巴地说道，“我真可怜啊！到处流浪，孤苦伶仃，吃了上顿没下顿，死了都没人知道！”他越说越激动，“您不知道当时的情况，火一下子冒了出来！仿佛是从地狱中冒出来的！逃命的人群都挤在一起，我好不容易冲到门口，可一个大个子在我身后大喊：‘让我先出去！我还年轻，我不想死！’他把我推倒了，踩着我的身体跑了出去！我失去了知觉，等我醒来，就成了瞎子，命运真不公平啊！”

威尔逊冷冷地说道：“事实恐怕不是这样吧？你说反了。”

盲人一惊，用空洞的眼睛呆呆地对着威尔逊先生。

威尔逊一字一顿地说：“我当时也在布尔顿化工厂当工人，是你从我的身上踏过去的！你长得比我高大，你说的那句话，我永远都忘不了！”

盲人站了好长时间，突然一把抓住威尔逊，爆发出一阵大笑：“这就是命运啊！不公平的命运！你在里面，现在出人头地了；我跑了出去，却成了一个没有用的瞎子！”

威尔逊用力推开盲人的手，举起了手中一根精致的棕榈手杖，平静地说：“你知道吗？我也是一个瞎子。你相信命运，可是我不信！”

同是不幸的遭遇或失败，有的人以乞讨为生，有的人却能出人头地，这绝非命运的安排，而在于一个人是否具有顽强坚韧的性格，是否能够用自己的意志力战胜不幸，执着地为自己的明天而努力。如果面对自己的不幸，屈服于命运，自卑于命运，并企图以此博取别人的同情，这样的人只能永远躺在自己的不幸中哀鸣，不会有站起来的一天；但如果他们能够振作起来，依靠自己的劳动生存，培养自己坚韧的品格，那么，摆在他们面前的很可能就是一种截然不同的局面。

著名的女作家海伦·凯勒在出生只有19个月时，便被一场疾病夺去了她看、听、说的权利，但她凭着自己坚强的意志学会了识字、阅读盲文和写字，最终战胜自身的不幸，为全世界残疾人作出了贡献，实现了自己的人生价值，向世界证明了——命运由自己主宰。

坚韧顽强的好性格是一个人终生的财富，是取得成功的必要条件之一。在这种性格的影响下，一个人才能为自己的未来不断努力，才更容易接近自己所要寻找财富的目标，并最终拥有这些财富和事业上的成功。

1923年，雷石东出生在美国波士顿一个清贫的犹太人家庭；17岁就读于美国哈佛大学；20岁被选拔服役，从事破译日军电报密码工作；31岁时，他放弃了给他带来丰厚收入的律师事务所工作，开始了第一次创业，经营“国家娱乐有限公司”；几十年后，他积累了5亿美元的财富。

然而，在他56岁的时候却发生了一场不幸。在参加华纳兄弟公司的一个聚会时，他在酒店遭遇了一场火灾。火灾中，雷石东身体45%的皮肤被大火烧伤，右手腕也几乎脱离了身体。对于一个56岁的人而言，生存俨然成为一个严峻的问题。但是，雷石东凭借着自己坚韧不拔的意志，与死神展开了激烈的搏斗，并最终获得了胜利，渡过了生命中最艰难的岁月。

63岁时，雷石东二次创业收购了维亚康母公司；70岁时收购了派拉蒙电影公司；76岁时，收购了哥伦比亚广播公司；78岁时，被《福布斯》评为全球排行第18位的富豪；2005年，82岁的他还管理着全球最大的传媒娱乐公司，并且积极地进军中国传媒市场，为事业发展再攀高峰。

雷石东的成功并非偶然，在他充满不幸的人生经历中，我们可以看得到他用顽强的意志渡过生命中的阴暗，并且凭借坚韧不拔的性格在失去一切之后再次开创自己的美好人生，为自己创造更巨大

的财富。

总之，每一个想要成功的人，都应该向那些能够战胜自己命运的成功者学习，培养自己顽强的意志，这样人生的黑夜终将过去，从此迎接你的是美好的明天。

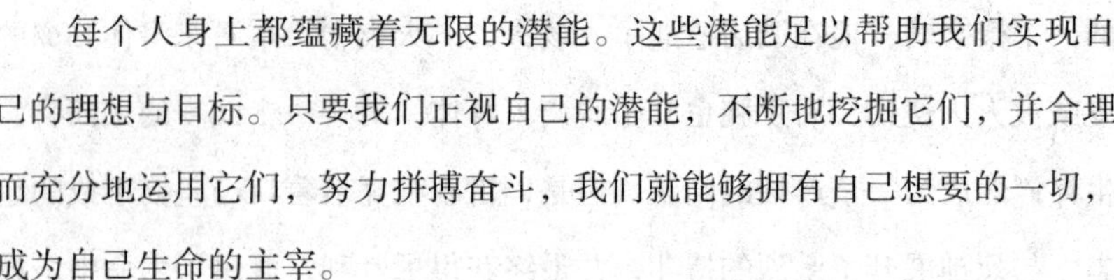

意志让生命能量达到“沸点”

每个人身上都蕴藏着无限的潜能。这些潜能足以帮助我们实现自己的理想与目标。只要我们正视自己的潜能，不断地挖掘它们，并合理而充分地运用它们，努力拼搏奋斗，我们就能够拥有自己想要的一切，成为自己生命的主宰。

在一个标准大气压的条件下，水只有在100℃以上时才能变成蒸气，从而产生推动力，使火车开动。“温热”的水是不能推动任何东西的。

可是在现实生活中，许多人却想用温热的水或半沸的水，去推动他们生命的火车，他们不反省自己为什么不能成功，却诧异自己在事业上为什么总是默默无闻、不能出人头地。

他们不知道一个人对待生命的温热态度，对于他自己的事业或工作所产生的影响，与温热的水对于火车所产生的影响相同。

一个伟大而有价值的生命，它一定是怀着可以主宰、统治、调遣其他一切意志念头的中心意志。没有这种中心意志，人的“能量之水”是不会达到沸点的，生命的火车同样也是不能向前跃进的。

尽管我们每个人都想做一件事，希望成就一件事，但真能成功的，却只有那些怀着中心意志或意志坚强的人。只有那些积极的、有建设与创造本领的人，才可能产生强有力的中心意志。

只要你怀着一种披荆斩棘、破釜沉舟、不惜任何代价、无论做出多大牺牲都要达到目标的坚强意志，你就会从中产生巨大的能量。

有坚强的中心意志的人，一定能在社会上找到其重要的地位，为他人所敬仰。他的言语行动都表现出他是一个有主见、有作为、有生命目标的人。他朝着目标前进，犹如箭头射向靶心。拥有这样坚强的中心意志、一切的阻碍都将不存在。

坚忍的意志、远大的目标，是护卫青年人生命旅程的有力武器，它能使青年人免去种种试探与引诱，而不至堕落到罪恶的深渊中去。

当你看到一个青年人，毅然决然地去进行他的计划，而丝毫不存“假使”、“或者”、“然而”、“并且”等模棱两可而不肯定的念头时，你就可以大胆地断定，他是个勇敢者，他会成功的。

认清目标、坚定意志，可以使人从中产生一种成功的力量来，可以使人燃烧整个的生命，让生命能量达到“沸点”。

假使一个人在心中产生了一个新的中心意志，新的生命目标，从那一天起，他的生命已经过了一次洗礼，他的耳目所接触的四周就都已气象一新。昨天还在包围、阻碍他的种种恐惧、怀疑、不快与罪恶，在新的中心意志与生命目标面前就会烟消云散。他一切酣睡着的能量，也必将被唤醒而准备投入战斗了。因为一个新的中心意志，已经把那些东西全部赶走。他的生命也将是统一而不是混乱，积极而不是消极，美而不是丑的了。

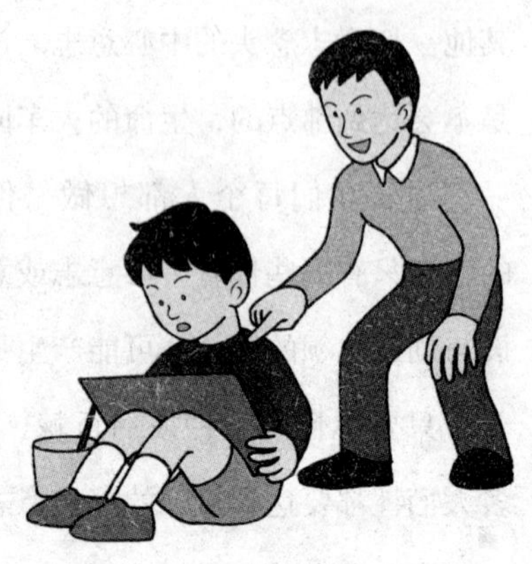

人生在世，有一件事是必须要去做的，那就是努力去追求并努力去实现所有的理想。在这种努力中，有我们“自我表现”、“本领竞赛”的机会。这种努力是我们将生命能量发挥到最好、最高、最完满的境界的大好机会。

假使一个人在一生中没有一个中心意志，没有一个最高目标，也不想去执行那个意志，达到那个目标，那他的生命历程可以算是一种失败。

要做大事必先集中精神。而这种精神的集中，只有在你怀着一个中心意志或崇高的生命目标时才能办到。我们对于那些不感兴趣、缺乏热情的事情是不会集中精神的，因而也就无法完全释放自己的生命能量了。

有些青年人很想在事业上发奋前进，但是由于一些微不足道的缘故，他们往往会在一夜之间抛弃事业，他们常常怀疑他们现在所从事的事业是否能够完全发挥自己的潜能。他们一遇挫折就灰心丧气，一听到别人在事业上取得了成功，他们就很羡慕，也想在那方面去试一试。

假如一个青年对于他所从事的事业如此游移不定，那么我们可以断定，他一定还没有怀着一个中心意志，没有让生命能量达到“沸点”的决心。相反，一旦他的事业既与他的中心意志相符，又能充分发挥他的生命能量，使他的事业成为他生命中不可分离的一部分，那么他将无法离开他的事业，到了这种境地，他哪有不成功的道理呢！

坚强意志，跨越鸿沟

意志力是一种能够管理自己的情绪、控制自己的欲望、克服困难并达到预期目标的能力。如果一个人没有意志力，那么他将一生碌碌无为。意志力是人们获得成功的必要条件。良好的意志力能够帮助人们主宰自己的命运，掌控自己的心情，克服自己的惰性，坚定不移地走向成功。

培养钢铁般的意志力

苏东坡说过：“古之成大事者，不唯有超世之才，亦必有坚忍不拔之志。”这足以见得意志是一个人不可缺少的重要品质之一，是一个人获得成功的必要条件。只有拥有了强大的意志，人们在面对困难和挫折时才能勇往直前，毫不退缩。我们经常说：天将降大任于斯人也，必先苦其心志，劳其筋骨，饿其体肤，如果没有如此坚强的意志力，如何接受这样的考验呢？作为青少年的我们也要从古人的身上学到生存的真谛。

1. 意志力决定人的谋略

有一个头脑简单、四肢发达的小男孩，在他很小的时候，父亲就去世了，留下他与体弱多病的母亲相依为命。但庆幸的是她的母亲是一位很有见识之人，她并没有因为孩子很笨而抛弃他，而是用自己的方式强迫磨炼他坚强的意志，让他从小就养成自己的事自己拿主意的习惯。由于母亲长期的训练，长大后的孩子不管做什么事都是精力充沛从不会感到疲倦，而且不管做什么事都不会半途而废，每件事都能聚精会神地去做，虽然会比别人花费更长的时间。

最终，他凭借着巨大而顽强的意志力获得了事业上的成功，他成为一个酿酒公司的经理，对于工作，他总是尽量面面俱到，亲力亲为，公司也因此而发展迅速。他在母亲的监督和鼓励下，不管工作多忙，都会每天坚持自学，研究英国的相关法律，在读书的时候，如果不能将看到的知识深入理解并熟练掌握，他就不会放下，直到弄懂为止。终于有一天，他有幸到英国议会工作。

在他小的时候，他就亲身感受并经历了奴隶制度和奴隶贸易所体现的不公平，当进入英国议会工作以后，他决心一定要彻底解决奴隶的问题。而在当时的情况下，要想废除存在了几千年的奴隶制度，可谓是难上加难，因为不仅会受到传统势力的阻挠，还要与贵族势力进行斗争。但他从小就养成了那种不达目的誓不罢休的执着个性，最终在他丰富的法律知识和坚持不懈、持之以恒意志力的帮助下，他成功了。

这个人就是英国著名的政治家福韦尔·柏克斯顿爵士，他认为“在一定时期不遗余力地做一件事”，这就是他成功的原因。他相信《圣经》的训诫：“无论你做什么，你都要竭尽全力！”他还说过：“人与人之间，弱者与强者之间，小人物与大人物之间最大的差异就在于意志力，即所向无敌的决心，一个目标一旦确定，那么不在奋斗中死亡，就要在奋斗中成功。具备了这种品质，你就能做成在这个世界上可以做的任何事情。”

在我们的生活中，不难看到有很多青少年，经常会因为自己的愿望或要求得不到满足而萎靡不振，或者因为遇到困难和挫折而唯唯诺诺，畏缩不前。实际上，人们之所以能够获得成功，与其说是聪明才智，不如说是坚定不移的意志力在起作用。也就是说，一个人是否能够成功，要看其是否有不懈的奋斗和百折不挠的精神。我们经常会发现，

一些没有奋斗目标或者对奋斗目标不明确、左右摇摆，工作懒散、懈怠逃避的人，常常是失败的。成功与失败的界限就在于意志力的强弱：成功者往往是拥有强大意志力的人；而失败者往往是意志力较为薄弱的人。

2. 用意志力谱写生命华章

一位因车祸而断了颈部中枢神经，导致全身瘫痪的梁子微曾经说过这样的话“我不想永远留在床上，因为这样会被世界遗弃。”13年后，她终于在四十多岁时穿上了硕士生的毕业礼服。

车祸前的梁子微，本来有一个美好的前程，当时她已经是一家百货公司的部门主管。一天，她正与好友一起逛街时出了车祸，梁子微的颈部中枢神经断了，导致她除了头部可以移动外，四肢全部瘫痪。当她得知自己以后将会永远过着这种生不如死的日子后，她一度想到了自杀，但最终还是放弃了这个念头，因为她从小就认为自杀是弱者的表现，是不负责任的。于是她开始告诉自己要接受现实，调整心态，接受生活给予的打击和挫折。她甚至还经常去劝慰那些因为一点小挫折就想放弃生命的人，渐渐地，她觉得自己的心情越来越好，有一根手指头竟然能动了，这更加坚定了她好好活下去的信心。为了不和社会脱节，她用自己顽强的意志力自学知识，并获得硕士学位。

作为一名青少年，在日常的学习和生活中，不管做什么事，顽强的意志力是必不可少的。虽然有许多事情我们不能顺利地完成，但如果我们能坚持到最后，能够全力以赴，就会受益匪浅。

其实，每个人的行动都是由自身的意志力决定的，意志力是一个人性格特征的核心力量，是行动的驱动器，是各种努力的灵魂。顽强的意志就像人生旅途中的成功指南，有时候能助你一臂之力；有时候，能促使你渡过难关。所以不要再为自己开脱了，那只能证明你的软弱无能。请行动起来吧，全力以赴地做好每一件事！

3. 意志力成就职业素养

一个人的工作，是他亲手制成的雕像，是美丽还是丑恶，可爱还是可憎，都是由他一手造成的。而一个人在工作中做的每一件小事，无论是写一封信，出售一件货物，或是打一个电话，都在说明雕像或美或丑，或可爱或可憎。管理者只要通过观看雕塑，就能对其作出评判。

希拉斯·菲尔德是一位著名企业家。在他16岁的时候，便离开家只身来到纽约去寻找发财致富的机会。去纽约之前，父亲给了他8美元，那是全家人辛辛苦苦好不容易积攒下来的。到了纽约，他去了哥哥大卫·菲尔德的家里，大卫·菲尔德后来成为纽约法律界的重要人物。那段时间，希拉斯·菲尔德过得并不快乐，因为他很想家。他哥哥的一位客人马克·霍普金斯从他的脸上看出了他的心思。霍普金斯对他说："如果一个孩子在外面老是想家的话，我什么也不会给他。"

之后，希拉斯到纽约最好的干货商店工作。第一年，他做的是最底层的跑腿工作，年薪仅仅50美元，并且上班时间为早晨6点到晚上7点。在成为店员以后，他还要从早上8点干到晚上关门。

菲尔德先生在他的自传中写道："我总是很注意，在顾客到达之前一定要赶到店里，在顾客离开之前决不能提前下班。我的想法就是要使自己成为一个最好的推销员。我尽量从各个部门学习一切有价值的东西，我深深地懂得：将来的一切都取决于我今天的努力。"

他经常去商业图书馆泡一个晚上，他还参加了每周六晚上举办的一个辩论团体活动。

店主斯图尔特的规定是很严格的。其中一条要求店员在早晨上班

时、吃完午餐和晚餐时都要签到。如果上班迟到、午餐超过一小时或晚餐超过45分钟，都要罚款。菲尔德先生在考勤上做得无可挑剔，对店里的工作也兢兢业业，他很快就得到了店主的信任。这样的店员，自然很快就得到了提升。

斯图尔特自己当年也是这样，长大后他一心一意经营自己的生意，从早到晚地操劳。他的制度全面而完善，使得一个大规模的组织看上去仿佛在自动运转。即使这样，店主人仍然非常注意细微之处，直到他去世之前，他还一直在考虑怎么才能进一步改进各部门的工作、提高组织的运转效率。

但是，让我们看看他的继承人是怎么接他的班的。按理说他们可以借鉴斯图尔特的经验，还有一大笔遗产作资本，他们的条件比斯图尔特本人创业时好得多。但是，这帮继承人把企业管理得一塌糊涂。当年，斯图尔特首先把注意力集中在店里，闲暇时才偶尔想到外面的企业，而他的继承人恰好相反。在生意兴隆时，斯图尔特没有忽视一些基本原则——比如应该时时刻刻关注商店的经营状况、对所有的客户一视同仁、留意每种商品的进货价格和销售情况等等，但他的继承人被财富和地位冲昏了头脑，忽略了那些原则，他们甚至用势利眼来对待不同的顾客。结果可想而知，生意越来越清淡，老顾客们纷纷表示不满。这种不理想的经营状况持续了好几年，由于资本和信誉方面的积累十分深厚，短时间内没有酿成恶果。但是随着时间的推移，情况越来越不妙：

顾客开始流失，信誉逐渐下降，而投资者也渐渐失去了兴趣。

几年之后，直到斯图尔特的商店落到约翰·沃纳梅克的手中才东山再起。沃纳梅克先生也是一个白手起家的能人。刚出道的时候，他每天步行四英里到费城的一家书店打工，每周挣1.25美元，但他一心想赚大钱，他的目标是比老板还多赚10倍，这激发了他干事业的雄心壮志，当然他获得了成功。

工作中即使是最普通的事，也不应该敷衍应付或轻视懈怠，相反，应该付出你的热情和努力，多关注怎样把工作做到最好，全力以赴、尽职尽责地去完成，以便养成良好的职业素养。

让意志帮你提高智商

在人的整体心理素质结构体系中，意志居于怎样的地位，对其他心理素质的发展有怎样的作用？

我们知道，人的心理过程分认知、情感、意志三个相互联系的方面，个性心理不过是这三个方面在个体身上的不同表现而已。也就是说，人的心理世界就是相互联系的认知的、情感的、意志的三个范畴。因此，关于意志对其他心理素质发展的作用，其实也就是意志在认知发展和情感发展中的作用。

现在，就先来看看意志对认知发展的功能。所谓意志对认知发展的功能，也可以说就是意志对智商发展的功能。

所以，我们有必要先来了解一下智商。

智商的概念是由德国心理学家施特恩首先提出来的。

智商也叫智力商数，常用IQ表示。智商是根据一种智力测验的作业成绩所计算出的分数，它代表了个体的智力年龄（MA）与实际年龄（CA）的关系。计算智商的公式为：

智商（IQ）=[智龄（MA）÷（CA）实龄]×100

按照这个公式，如果一个8岁的儿童的智龄与他的实际年龄相同，那么这个孩子的智商就是100，说明他的智商达到了正常8岁儿童的一般水平，如果一个8岁儿童的智龄为10. 4，那么他的智商就是130了。智商100代表智力的一般水平；如果智商超过100，说明儿童的智商水平高；低于100，则说明儿童的智商水平低。

用智龄和实际年龄的比率来代表智商，叫比率智商（IQ）。比率智商有一个明显的缺点：人的实际年龄逐年增加，而他的智力发展到一定阶段一般会稳定在一个水平上。这样，采用比率智商来表示人的智力水平，智商将逐渐下降。这是和智力发展的实际情况不相符的。

为了更真实地反映出一个人的智力状况，韦克斯勒革新了智商的计算方法，把比率智商改成离差智商。提出离差智商的根据是：人的智力的测验分数是按常态分布的，大多数人的智力处于平均水平，IQ=100；离平均数越远，获得该分数的人数就越少；人的智商从最低到最高，变化范围很大。智商分布的标准差为15。这样，一个人的智力就可以用他的测验分数与同一年龄的测验分数相比来表示。公式为：

$IQ=100+15Z$

其中，$Z=(X-M)\div SD$

Z代表标准分数，X代表个体的测验分数，M代表团体的平均分数，SD代表团体分数的标准差。因此，只要我们知道了一个人的测验分数，以及他所属的团体分数和团体分数的标准差，就可很容易地计算出他的离差智商。例如，某施测年龄组的平均得分为80分，标准差为5，而某甲得85分，他的得分比他所在的年龄组的平均得分高出一个标准差，$Z=(85-80)\div 5=1$，他的智商$IQ=100+15\times 1=115$。说明他的智商比84%的同龄人要高；如果某人的得分比团体平均分低一个标准差，$Z=-1$，他的智商$IQ=85$，说明他的智商只比16%的同龄人高，而低于一般人的水平。

由于离差智商是对个体的智商在其同龄人中的相对位置的度量，因而不受个体年龄增长的影响。例如，一个孩子在测验中的得分高于平均数三个标准差，那么，不论他的年龄有多大，他的智商总是148。同样，一个智力平常的儿童，他的智商总是100。

意志为什么对智商的发展起作用呢？

有一个著名的研究说明了意志对智商的影响。美国心理学家特尔曼从1921年开始对1528名智力超常的儿童进行大规模的追踪研究，前后时间长达50年，得出了一系列研究结果。这些超常儿童的智商都在140分以上，那么这些孩子长大后的成才情况如何呢？结果发现，智力与成就有一定关系，但不完全是相等关系。特尔曼等人对800名男性中成就最大的20%和成就最小的20%进行比较，结果发现：这两组人的差别主要在于他们的人格品质上，特别是意志品质的差异。成就大的一组人在独立性、果敢性、自制性、坚韧性等意志品质上明显高于成就小的一组人。

事实胜于雄辩，这一研究案例充分显示了意志对智商的影响。高智商并不意味着一个人能“功成名就”，而意志品质良好的人更容易取得成功。成就水平反映了一个人智力水平发挥、智力才能展现的程度。每个科学成就的获得都像爱迪生所说的那样：“只靠百分之一的灵感，百分之九十九的是水汗”。

紧张的智力活动是艰苦的脑力劳动，没有非智力因素的积极参与和支持，是不可能克服困难，排除障碍的。我国现代著名学者王国维在《人间词话》中，集古人词作名句描绘的所谓“三境界”，对我们认识这个问题是很有启发意义的。

“昨夜西风凋碧树，独上高楼，望尽天涯路。”是第一境界。一个人在准备开展智力活动以解决某个问题之前，常常会觉得问题复杂，头绪纷繁，不知从何处着手才好。这就要求他兴味盎然、热情洋溢、下定决心、充满信心地去积极开展智力活动。

“衣带渐宽终不悔，为伊消得人憔悴。”是第二境界。智力活动展开之后，常常不会一帆风顺，一蹴而就，而是会有急流险滩，不进则退。这就要求一个人必须持之以恒，知难而进，绞尽脑汁，凝神静气，冥思苦想才会有所进展，有所收获。

“众里寻他千百度，蓦然回首，那人却在灯火阑珊处。”是第三境界。经过艰苦、大量、长时间的思考，终于“灵光乍现”，原先百思不得其解的问题最终迎刃而解了。一个人经过顽强的智力活动获得成功之后，必然会感到豁然开朗，心情愉悦。但还要求他不能就此止步，而必须再接再厉，以饱满的情绪和旺盛的精力、毅力投入新的智力活动。

“志不坚者智不达，言不信者行不果。”由此可见，智商是可以通过后天训练来提高的，智商是越练越灵，越用越精的，天才的训练需要智商。意志品质坚强的孩子往往通过努力、刻苦学习各种知识，来提高其智商。相反，天赋较好但不勤奋学习的人，最终只能一事无成。

意志决定态度

奥斯特洛夫斯基曾经说过：“意大利有一句谚语：对一个歌手的要求，首先是嗓子、嗓子和嗓子……我现在按照这一公式拙劣地模仿为：对一个要成为不负于高尔基所声称的那种‘人’的要求，首先是意志、意志和意志。”

法国名将图朗瓦以身先士卒闻名于世，每次行动他都冲在最前面，当别人问及此事时，他就直言不讳道：“你们都觉得我是一个勇敢的人，其实，自始自终我都害怕。只是坚强的意志让我不断鼓励自己说‘老伙计，无论你有多害怕，最终也得往前走啊！’结果，每次自我鼓励都能奏效，让我毅然向前冲。”

图朗瓦的坚强意志决定了他勇往直前的态度。

一个人能否成功，以及取得成就的大小，一切都取决于他的态度——对人对事的态度，左右一个人做事的深度和达成目标的力度。然而，这种能持之以恒的态度，则由他的意志所决定和支配。

其实，成功者和失败者之间的最根本差别就是：失败者薄弱的意志力使他们对环境变化和失败的顾虑较大，做什么事都有“风声鹤唳，草木皆兵”的感觉，甚至从一开始就消极不振。

成功者却刚好相反，他们善用意志支配自己的态度，使自己在任何条件下都能积极思考、充满自信和乐观。

英特尔公司从1985年开始，到1988年前后经历了重大的战略转折——从经营各种半导体业务摇身一变成了微处理器公司。

当时公司总裁安德鲁·葛洛夫称这个转变为“穿越死谷”，这个转变过程极为艰难，它不仅改变了公司过去既有的一切，还意味着企业能否成功转变。尤其是管理阶层，若想在这个战略转折点上求得生存，就必须认真调整自己，否则，就会被淘汰。

在一次讨论英特尔“微处理器公司”新方向的经理会议上，当时的董事长哥顿·摩尔说：“我们若是认真坚持这个方向，五年之内，我们的行政领导中有一半将转变为软件型领导。”为与会的每一个人敲响了警钟：谁若不转变专业方向，谁就要被撤换掉。

葛洛夫暗中观察所有的人，心里盘算着：今后，究竟是谁去谁留？

从企业转型计划实施开始，葛洛夫就步入学习新软件知识的旅程，正如他所说：“不管怎么说，我们所做的一切都取决于软件业务范围内的计划、思想、目标和展望。”他几乎投入了全部的时间去接触软件专家，也到软件公司访问该公司的领导阶层，通过定期电话联系，或约定见面来请教有关软件业务的知识。

“我必须放下架子，承认自己在该领域的一无所知。为了提升自己，我必须强迫自己去和那些从未谋面的要人交谈，而且在面谈时还要做一些详尽的记录，内容中不能消化、不知所云的部分，我就带回公司向我们自己的专家请教……”有一段时间，葛洛夫忙于四处学习新的软件知识，以致原本天天和他打照面的职员再也不容易见到他了。

一段时间后，葛洛夫和那些积极寻求转变的经理们一起为自己和员工重新分配工作。而这个过程，对葛洛夫、对公司上下所有员工，都不是一件容易的事。

但事实证明哥顿董事长的话是对的，在公司向微处理器方向转变的过程中，当时与会的所有管理阶层中，跟着公司转变方向的人，至今得以坚守原来的岗位，而另一半坚持己见，不想转变专业方向的人则离开了公司。

“意志决定态度，那些成功转变的人是具有超强意志力的人，也是真心为公司的发展着想的人，是企业发展最需要的人……”成功蜕变的葛洛夫对此无限感念。

任何人的做事态度都深受其意志的控制和影响，葛洛夫和那些成功转型的经理人的坚强意志决定了他们做事的态度，也决定了他们所取得的伟大成就；而那些意志力薄弱的经理人，不能端正自己的态度而最终被迫离开。

不同心态的人，同时从窗口向天空望去，看到的结果却迥然不同：有人看到的是暗夜和天空中的乌云，而有人看到的却是暗夜里蒙蒙的月色和云缝里的点点星光。为什么会如此？因为每个人对事情的看法，往往反映出他内心真正的意志，这就是意志决定了态度。

任何人的态度都深受他的意志影响和控制，意志决定态度，态度反映意识和意志，好的行为始于积极的态度，而好的态度始于一个人坚强乐观的意志。

意志不坚定的人，不会有坚决的态度，无论做什么事，尤其在复

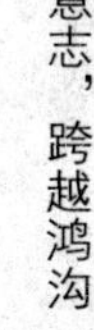

杂多变的环境中，处理复杂的问题时，容易被外界环境所左右，不是突然变得消极就是态度粗暴，最终在暴躁中鲁莽而坏事。而意志坚定的人，则永远乐观进取、积极向上，对任何事都认真对待，不会轻易被环境的变化所影响，也不会轻易被别人的意见所左右。

你做事的态度是懒散随意，还是认真谨慎，抑或是两者中间呢？无论是处于哪种状况，都要谨记：世界上，没有人的态度不被他的意志决定和控制。想要端正自己的态度，必须先锤炼自己的意志。

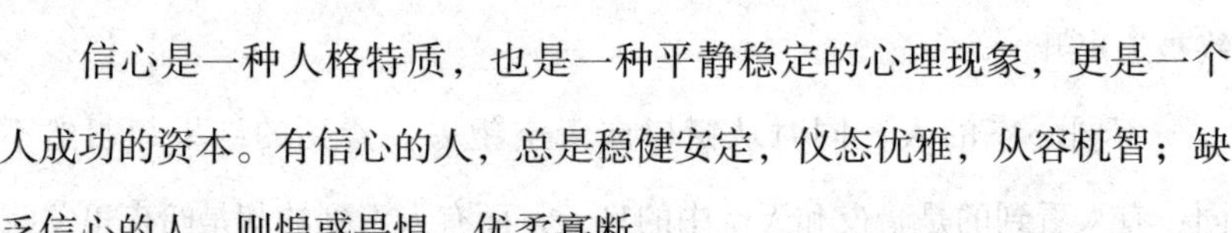

意志力让信心坚定

信心是一种人格特质，也是一种平静稳定的心理现象，更是一个人成功的资本。有信心的人，总是稳健安定，仪态优雅，从容机智；缺乏信心的人，则惶惑畏惧，优柔寡断。

瑞士英雄威廉·退尔的故事发生在14世纪初，那时瑞士人正在为争取独立而同奥地利统治者作斗争。当时的瑞士人并不像今天这样自由和幸福。那时有一个名叫盖斯勒的暴君统治着他们，让他们饱尝痛苦。

一天，这个暴君在公共广场竖起了一根高高的杆子，把自己的帽子放在上面，然后他下令每一个进城的人都必须向它鞠躬。但是有一个名叫威廉·退尔的人却没有这样做。他双手交叉放在胸前，站在那里嘲笑上面晃来晃去的帽子。他绝不向盖斯勒卑躬屈膝。

听说这件事后，盖斯勒十分生气。他害怕其他人也会这样不听话，那么整个瑞士很快就会起来反对他。于是，他决心惩罚这个胆大妄为的人。

威廉·退尔是个出名的猎手，整个瑞士没有任何一个人的弓箭功夫能胜过他。于是盖斯勒想出一个残忍的方法，要让这个猎手尝点苦头。他下令让退尔的小儿子站在广场上，头上放一个苹果，然后再让退尔用箭把苹果射下来。

“你要我杀了我的孩子？”他问道。

“不要再说了，”盖斯勒说道，“你必须一箭射下那个苹果。如果你失败了，我的士兵就会在你面前杀死你的儿子。”

于是，退尔一言不发，把箭搭上弓。他瞄准目标，把箭射了出去。

小男孩稳稳地站着，一动也没动。他并不害怕，因为他相信父亲的箭术。

只听“嗖”的一声，箭划过空中，正中苹果的中心，把它射落在地上。人们欢呼起来。

当退尔转过身走开时，一支藏在他外套下的箭掉在了地上。

“你这家伙！”盖斯勒喊道，“你的第二支箭是什么意思？”

“暴君！”退尔自豪地回答，“如果我伤到了我的孩子，那这第二支箭就是给你的。”

后来，退尔果然用箭射杀了暴君，他因此成为民族英雄。

这是一个信心战胜暴君的故事，但是对于缺乏信心的人来说，他们的口头禅永远是“不可能”，这已经成为他们的失败哲学。他们遵循着“不可能”哲学，就只能一直走向失败，做什么都不会成功。

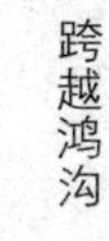

这个世界上不可能的事太多了，“我的公司不可能在一夜之间东山再起”，“我永远不可能再重新拥有一百万”……人们常常被消极的心态支配着，才导致大部分人一生平庸。但是，实际情况是怎样的呢？

曾经有一本励志书《方法总比问题多》，在雅虎里能够搜索到高达1100万条的读后感，在一年多的时间里再版19次之多。为什么这本书能够如此畅销？

在众多的读者评论中，可以发现，是因为这本书中有些理念引起了读者的共鸣，成为人们走向成功的指路标，如：

“这世界上没有什么不可能，只是暂时还没有想到方法！”

“只为成功找方法，不为失败找借口。”

“改变你的发问方式，‘绝不可能’就变为‘绝对可能’！”

其实，把这些掷地有声的口号归结成一条，就是：没有不可能，积极进取，把“不可能”变成“不，可能”！

只要敢于蔑视困难，把问题踩在脚下，最终会发现：所有的“不可能”，最终都有可能变为“我能”！

“不可能”只是失败者心中的禁锢，对生活充满信心的人，从不将“不可能”当做一回事。

1883年，一位叫约翰·罗布林的工程师雄心勃勃地想要建造一座横跨曼哈顿和布鲁克林的大桥。然而桥梁专家们却说这个计划纯属天方夜谭，劝他趁早放弃。罗布林的儿子华盛顿·罗布林——一个很有前途的工程师，也确信这座大桥可以建成，父子俩克服了重重困难。在构思建桥方案的同时，他们也说服了许多银行家们投资该项目。

然而大桥开工仅几个月，施工现场就发生了灾难性事故，约翰·

罗布林在事故中不幸身亡，华盛顿·罗布林的大脑也严重受伤。

华盛顿·罗布林再也无法活动和说话了，而万幸的是他的思维并没有因此而受影响，依然那样敏锐。他下定决心一定要把那座倾注了他与父亲很多心血的大桥建成。之后，他便利用他唯一能动的一根手指与别人交流，通过敲击妻子背的方式由妻子把他对大桥的想法转达给仍在建桥的工程师们。华盛顿就这样用一根手指指挥着工程，13年后，雄伟壮观的布鲁克林大桥最终建成。

这个故事蕴涵着一个道理：脚不能达到的地方，眼睛可以达到；眼睛不能达到的地方，心可以达到。只要心存必胜的信念，就没有扭转不了的败局。

有很多事情，不是不可能，只是暂时没有找到方法而已。只要有足够的意志力、足够的头脑和足够的信心，什么事情都不能成为我们成功的阻碍。不要给自己太多的限制，重要的是使用正确的方法。就像哈瑞·法斯狄克所说："这世界现在进步得太快了，如果有人说某件事不可能做到，他的话通常很快就会被推翻，因为很可能另一个人已经做到了。在信心和勇气之下，只要我们认为可以做到，就可以用科学的方法推翻'不可能'的神话，我们就可能做成任何我们想做的事情。"

修曾是个多虑的人。但在1934年的春天，他走过韦布城的西多提街道时，有个景象扫除了他所有的忧虑。

那个景象只出现了十几秒钟，然而就是这十几秒的时间，改变了修对生命意义的了解和看法。当时，修在韦布城开了一家杂货店，因为经营不善欠下了很多债，需要用很长的时间来偿还。为了解决经济困境，他关闭了杂货店，准备到银行贷款，然后到堪萨斯城寻找工作。那时的他已经失去了信心和斗志。突然，他发现一个没有双腿的人从街的另一头过来，坐在一块安装着溜冰鞋滑轮的小木板上，两手各用木棍撑着向前行。他横过街道，微微提起小木板，准备登上路边的人行道。就在那几秒钟，他们的视线相遇。只见那人坦然一笑，很有精神地向修招呼："早安，先生。今天天气真好啊！"修望着他，体会到自己是何等富有。修心想："我有双足，可以行走，为什么却如此自怜？这人缺了双腿仍能快乐自信，我这个四肢健全的人还有什么不能的？"修挺了挺胸膛，本来预备到银行只借100美元，现在却决定借200美元；本来说到堪萨斯城试着找份工作，现在却很有信心地宣称："我到堪萨斯城去找一份新的工作！"结果，他借到了钱，也找到了工作。

信心的传递就是这么简单，不用大张旗鼓地讨论和宣传，不用费尽心机地劝导或说教，只要充满信心，信心就可以被感知到，就可以被体会到。

一个民族要有志气，一个企业要有士气，一个人要有骨气。简单来说，就是信心、力量和精神。

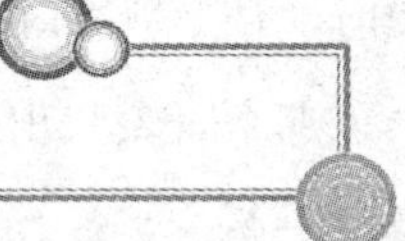

坚强意志实现涅槃人生

爱迪生曾经说过："伟大人物最明显的特质，就是他坚强的意

志，不管环境变换到什么地步，他的初衷和期望仍不会有丝毫改变，所以最终能达到预期的目标。”

坚强的意志使人不屈服于任何打击。在困难、挫折、打击、不幸面前，刚毅不屈，不灰心泄气，不悲观动摇，顽强地与逆境作斗争。他们有着敢作敢为的果断性，面对复杂现实，仍沿着明确的思路，采取勇敢的行动，把思想动机和决心贯彻到底，从而创造了一个个人类的奇迹。

2002年5月11日，英国伦敦北部特斯巴车站发生了一节车厢出轨的意外事故，香港凤凰卫视主播刘海若在事故中受了重伤。在抢救中，医院一度判定她为脑死亡。陷入昏迷的刘海若头肿得像西瓜，多次休克、血压下降、高烧不退，还发生抗生素无法解决的感染问题，但是，她都以意志力支撑了下来，病情也于同年7月好转。清醒后的刘海若说：“当时非常痛苦，但一想到家人、好友，就挺过来了。”刘海若正是靠着坚强的意志，跨过死亡幽谷，成为了浴火凤凰。

坚强的意志是一个人成功的必要心理素质，只有坚持不懈、持之以恒，才能圆满地实现自己的人生目标。

战国时期，洛阳的苏秦，为了日后可以做大官，拼命读书。为了避免在读书时打瞌睡，他想了个办法：拿着一把锥子，瞌睡来了，就刺一下大腿，痛了，也就睡不着了，以便继续读下去。无独有偶，汉朝的孙敬，人称“闭户先生”，常常独自关门读书。有时实在太累，为了防止打瞌睡，他用一根绳子，一头系在梁上，一头结着头发，让头颈正直地吊住。这样，如果打瞌睡，就会扯痛头发，立刻惊醒。于是，后人用“悬梁刺股”来形容勤学好读的精神。

目的越高尚，目的的社会意义越大，产生的意志力也越大，常言

说：“伟大的目的产生伟大的毅力。”

中国女子登山队队员潘多，为了征服珠穆朗玛峰，1961年6月27日与队友西绕胜利登上海拔7595米的公格尔久别峰顶峰，打破了7546米高度的世界纪录。不幸的是，在返回途中遭遇雪崩，西绕光荣牺牲，潘多死里逃生。雪崩使她的脚趾极度冻伤，后被截去5个脚趾。但她并没退缩，于1974年再次申请登珠穆朗玛峰。那时她已经37岁，已是三个孩子的妈妈。1975年5月27日早晨，9名运动员向顶峰冲击，登上了连鸟都飞不过的珠峰第二台阶，经过顽强拼搏，潘多和8名男运动员终于创造了壮举，胜利登上地球之巅——珠穆朗玛峰。正如狄更斯说：“顽强的毅力可以征服世界上任何一座高峰。”

2000年8月8日，36岁的张健跳入了直线距离109千米的渤海海峡，开始了人对自然的一次伟大征服。历经50小时22分钟，他连续游出了123. 58千米，这相当于长距离游泳运动员55天的运动量，相当于在陆地上跑438千米。在长达50多个小时的横渡中，自身体温的保持、能量的补充、海水刺激的预防、流大风急等困难以及鲨鱼、海蜇等海洋生物的威胁都是无法回避的难题。张健凭着自己的胆识和顽强的毅力，不但书写了人类横渡海峡距离最长的世界纪录，也书写了自己人生的新篇章。

居里夫人曾经说过：“不论对任何困难，都绝不屈服。在捷径上得到的东西绝不会惊人。”公元前490年，雅典军队在与波斯战斗中获得胜利，雅典军人菲力比第斯为了及时将胜利的消息带到雅典，一口气跑到目的地。人们估计，菲力比第斯在没到雅典以前，就已经接近死亡状态了，是强大的意志力支撑他到达了目的地。后人为了纪念他，设立了马拉松长跑项目，全长42. 195千米。

其实成功者与失败者之间，最大的差异，往往取决于意志力的强弱。有的人因为意志比较薄弱，才会出现失败，人只是因为意志比较薄弱，才会有那么多弱者、失败者，而意志坚强的人才是少数的成功者。

日本有一个在校成绩非常好的青年要到一家大公司应聘，结果应聘的成绩十分不理想。在知道这个消息后，他极度绝望，想到了自杀，但没有成功。过了一段时间，又被告知实际上他的成绩是名列前茅的，只因电脑发生故障而出了差错，于是他顺利被公司录用了。可很快又传来消息，说他被解聘了，理由是：一个人连这样小小的打击都承受不住，又怎么能够在今后的岗位上承担更多的重任呢？这个青年尽管在考试成绩上高于大多数对手，但那时他在心理上却没有战胜自己，遇到挫折便不知所措。可见，他求职失败的原因不在于别人而在于自己，在挑战自我上他是个失败者。

战胜自我是每个人都要面对的人生课题，在当前竞争激烈的经济社会尤为重要。挑战自我是强者的心理，是成功者的素质。

爱因斯特中国总部理事长吴少海、北大中国经济研究中心教授汪丁丁、周其仁和同学们在由北大学生实习交流协会主办的沙龙里，讨论着生活中的困惑。学生们普遍反映，我们这一代人的抗挫折能力比较弱，很多人时不时地都会觉得自己很郁闷。汪教授说，生活中最大的机会是生命，体验生命，发现一种答案就是你生活的意义。答案可以都是错的，但问题结构和思维能力是最重要的，能从一个问题中发现另一个问题的过程是最重要的。学生更倾向于去努力追求正确答案而忽略其过程，可以说是弱者和强者的差异。

其实，没有一个人是完美的，每个人身上都存在这样或那样的弱

点。在人的一生中，占据人生大部分生活的恐怕就是如何战胜别人，超越别人。心理学家说：战胜别人首先要战胜自己。我们经常会发现这样的现象，有的人想努力学习，却无法改变自己的懒惰；有的人想谦虚待人，却无法改变自己的自负；有的人想和别人和谐共处，却无法改变自己的自私……而事实上我们要知道：只有战胜了懒惰，才会有勤奋；战胜了自私，才会有大度；战胜了狭隘，才会有宽容；战胜了骄傲，才会有谦逊；战胜了偏见，才会有客观。懒惰、骄傲、固执、偏见、自私等都属于人性的弱点，而勤奋、谦逊、宽容、大度等则是人性中的优点。美国著名心理学教授丹尼斯·维特莱将这些优点叫做良好的精神准备。他指出：有无良好的精神准备，是能否打开成功之门的钥匙。所以，战胜别人首先要战胜自己，因为最强大的敌人不是别人而是自己。

是谁让薪水翻了七倍

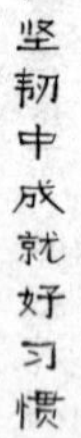

费尔巴哈说过：“我的本质不是我意志的结果，相反，我的意志是我本质的结果，因为我先有存在，后有意志，存在可以没有意志，但是没有存在就没有意志。”

1981年，全世界最知名的30家体育报刊在联合评选20世纪最佳运动员时，球王贝利以他精湛卓绝的球艺、高尚谦逊的球风，当选为最杰出的运动员，为他在世界体坛上写下光彩夺目的一页。

当时，他是世界上唯一得过三次“金女神杯”的运动员，是20世纪最受瞩目的球星，他参加过1364 场比赛，共踢进1282个球，这是足球史上唯一的、也是最辉煌的纪录，而这一切的成功都归功于他坚强的意志。

1940年10月23日，贝利出生在巴西小镇一个贫困的家庭，父亲曾加盟大俱乐部球队，但出师未捷腿先伤。告别球场后虽然生活艰苦但仍充满信心和理想，把自己的足球梦寄托在儿子身上，把在坎坷人生中领悟的踢球和做人的道理，一五一十地传给儿子。

为了减轻家里的生活负担，贝利7岁时就上街擦皮鞋谋生，也就是从那时起，他开始了光着脚丫练球的生涯。此后很多年，他都不知道穿着球鞋踢球是什么滋味，而且那个“球”还是一只外面用绳子扎紧，里面用破布、旧报纸等勉强塞成球形的臭袜子，而练球的球场就是家门口的巷道……

知道父亲心思的贝利，从小就立下要实现父亲心愿的誓言。每当他在球场被人欺负，想和人打架时，就会想起父亲的教诲：“想要踢职业足球，你就得先学会控制自己的脾气。”

每当他想在球场上大显身手时，“足球运动是一种集体比赛，不要因为抢出风头就丢了进球的机会”的提醒话语就会在贝利耳边回荡。

每当他想学抽烟时，就想到父亲的训斥“抽烟喝酒会影响体力，到时候就没有足够的体力在90分钟之内纵贯全场”。

就这样，贝利逐渐练就出超强的意志力。15岁时，入选桑托斯队，开始走上职业球员之路，16岁进入国家队，在球队训练中，每一次练球

或比赛时，他都谨记父亲的教诲，控制情绪、避免诱惑。

1985年瑞典世界杯，巴西队和瑞典队的冠亚军决赛中，年仅17岁的贝利就以他娴熟的球艺，独特非凡的头球和过人的技巧，接连攻进两球，使得巴西队第一次登上世界冠军宝座。

消息一经传出，巴西举国沸腾，里约热内卢的大街小巷到处都挤满了人，所有人都在狂呼他们心中的英雄“贝利！贝利！”一时之间，贝利成为世界足坛新兴的耀眼明星，他的身价也在一夜之间狂翻了七倍，成为南美身价最高的球星。

凭着对足球的热忱和执着，凭着坚强的意志力，贝利成功了，成为至今无人能及的世界球王——在瞬息万变的球赛中，他能在60米外准确判断守门员的位置而一脚劲射得分，也能凭借刁钻的头球使守门员防不胜防。

是什么让贝利的薪水翻了七倍？追根究底是他超强的意志力。

意志力是一种难能可贵的特质，正如拿破仑·希尔所说：“要实现自己的梦想，你就必须像最伟大的开拓者一样，集中所有的意志力坚持奋斗，终其一役成就自己的才华。”

意志力是一个改变人生轨迹的魔法师，即使是最平凡的事，只要“经他的手”锲而不舍地做下去，也能“神奇”成就最不平凡的事。

大凡成功之士，都有非凡的意志力。有了意志力，哥伦布才能历尽艰辛筹集到环球旅行的资助；有了意志力，爱迪生才能在经历千百次的失败之后取得最后的成功；有了意志力，德蒙·希拉里才能征服世界最高峰——圣母峰；有了意志力，松下幸之助才能从一名普通操作工变身为松下电器的掌门人；有了意志力，比尔·盖兹才能有今日的微软帝国……

其实，从某种意义上说，世界上的每个人都有成就非常成绩的潜能，不仅是天资聪颖、才华横溢的人，一般木讷寡言、不善圆通、资质愚钝的人，也能凭借意志力来成就自己的事业。

没有人不想成功，但是，每个人对成功的渴望程度却有天壤之别，而这种差别最终决定于意志力的强与弱。

世界上没有人因为丧失意志力而获得成功，意志力弱的人会因为自身思想的束缚和外界环境的阻挠逐渐灰心沮丧，最后未能奔向成功大道；意志力强的人则会竭尽全力清除阻碍，达到最终的目标。

在全世界建造了7万多栋房子，为超过40万人提供温暖住家的“人类家园”国际组织的总裁和创办人富勒，一生充满了传奇色彩。

他有7个兄弟姐妹，从5岁时就开始卖报、擦鞋补贴家用，9岁时母亲的一段话深植他的脑海：“我们很穷，但贫穷不是上帝的旨意，不能怨天尤人，一定要有改变贫穷的愿望，胸怀大志才能有所成就。”

这些话使富勒坚定了意志，开始努力追求财富。21岁时，他接手一家被拍卖的公司，并在十年内接连收购了七家公司，成为当地最知名的年轻富豪。

当他谈及成功的秘诀时，他用多年前母亲的话回答，并在多次受邀演讲中说道：“虽然我不是富人的后人，但我可以成为富人的祖先。而这一切都需要你拥有坚持愿望的意志来达到。”

这个世界上很多人之所以不能成功，不是因为他们没有能力，而是因为他们没有真正坚持达成愿望的意志力。有些人虽然不断想要达成目标，但最终因为没有一定要达成的意志，所以遇到困难就开始退缩，最终半途而废、不了了之。

因此，锻炼超强意志力，已成为当前所有想要完美达成愿望者的最重要课题。

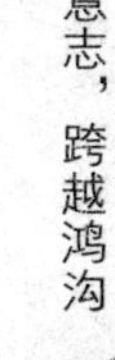

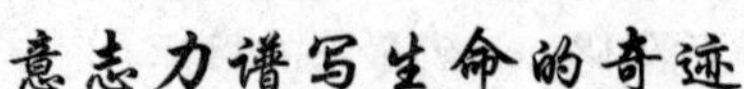

意志力谱写生命的奇迹

生命对于每个人来说，都是一个过程，一个从开始到结束的过程。生命可以很坚强，也可以非常脆弱，这取决于你的意志力。

一般说来，人的生命力要强于其他生物的生命力。然而，事实却未必如此。在现实生活中，我们经常会听说或者从新闻上看到有人因为某种原因而自杀，我们会感慨人的生命是如此脆弱！原本鲜活活的生命，在瞬间就消失了，这样的生命还怎么能说它是顽强的呢？

事实上，这些人的生命之所以变得那么不堪一击，关键在于他们没有了生活下去的意志。也就是说，生命力是否顽强，在很大程度上决定于人的意志。一个意志力强大的人，其生命力就会顽强，像张海迪、霍金等等都属于生命力顽强的人，他们是不幸的，但他们能够笑对人生困境，以顽强的意志力谱写出生命的乐章。

顽强的意志能使你战胜重重困难，走向成功，使你的生命价值无限放大。因为有顽强的意志，你在前进路上遇到困难和险阻时，就不会被它们吓倒，就会以大无畏的精神，勇往直前，坚持到底，那么你也一定会取得成功。

1967年夏天，美国跳水运动员乔妮·埃里克森在一次跳水事故中身负重伤。由于颈椎受损伤，她四肢瘫痪了。

乔妮伤心欲绝，她无论如何也想不到会发生这样的事故。她无法摆脱那场噩梦，无论家里人和朋友们怎样劝慰她，她都认为命运对她不公，无法接受这个现实。出院后，她坐在轮椅上，注视着跳水池里那蓝盈盈的水波，那高高的跳台。想到自己再也无法站在那洁白的跳板上，那蓝盈盈的水波再也不会溅起美丽的水花。她又哭了起来。从此她被迫结束了自己的跳水生涯，离开了那条通向跳水冠军领奖台的路。

她曾经绝望过。但现在，她拒绝了死神的召唤，开始冷静思索人生的意义和生命的价值。

她借来许多介绍前人如何成才的书籍，一本一本认真地读了起来。

她虽然双目健全，但读书还是很艰难的，只能用嘴衔根小竹片翻书，劳累、伤痛常常迫使她停下来。休息片刻后，她又坚持读下去。通过大量的阅读，她终于领悟到：我是残了，但许多人残了以后，却在另外一条道路上获得了成功，他们有的成了作家，有的创造了盲文，有的创作出美妙的音乐，我为什么不能？于是，她想到了自己中学时代曾喜欢画画。为什么不能在画画上有所成就呢？这位纤弱的姑娘变得坚强起来，变得自信起来。她捡起了中学时代曾经用过的画笔，用嘴衔着，开始练习。

这是一个多么艰辛的过程啊。用嘴画画，她的家人连听也未曾听说过。

他们怕她因不成功而伤心，纷纷劝阻她："乔妮，别那么死心眼了，哪有用嘴画画的，我们会养活你的。"可是，他们的话反而激起了她学画的决心，"我怎么能让家人一辈子养活我呢？"她更加刻苦了，

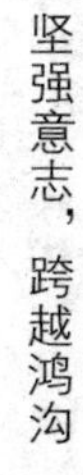

常常累得头晕目眩，汗水把双眼弄得火辣辣的痛，甚至有时委屈的泪水把画纸也淋湿了。为了积累素材，她还常常乘车外出，拜访艺术大师。

好些年过去了，她的辛勤劳动没有白费，她的一幅风景油画在一次画展上展出后得到了美术界的好评。

不知为什么，乔妮又想到要学文学。她的家人及朋友们又劝她了："乔妮，你绘画已经很不错了，还学什么文学，那会更苦了你自己的。"乔妮是那么倔强、自信，她没有说话。她想起一家刊物曾向她约稿，要她谈谈自己学绘画的经过和感受，她用了很大力气，可稿子还是没有写成。这件事对她刺激太大了，她深感自己写作水平差，必须一步一步来。这是一条满是荆棘的路，可是她仿佛看到艺术的桂冠在前面熠熠闪光，等待她去摘取。

是的，这是一个很美的梦，乔妮要圆这个梦。又经过许多艰辛的岁月，这个美丽的梦终于成了现实。1976年，她的自传《乔妮》出版了，轰动了文坛，她收到了数以万计的热情洋溢的信。两年过去了，她的《再前进一步》一书又问世了，该书以作者的亲身经历告诉残疾人，应该怎样战胜病痛，立志成才。后来，这本书被搬上了银幕，影片的主角就是由她自己扮演的，她成了青年们的偶像，成了千千万万个青年自强不息、奋进不止的榜样。

一个人只有具有顽强的意志，他的生命才会充满活力，他的人生才会精彩纷呈，他的价值才会得到充分的体现，他的生活才会变得更加有意义。

强者总是选择用坚强的意志力去直面困难，并最终战胜困难。其实，人的意志力有着极大的力量，它能克服一切困难，不论所经历的时间有多长，付出的代价有多大，无坚不摧的意志力终能帮助人获得成功。正如马克思所说："生活就像海洋，只有意志坚强的人，才能到达彼岸。"

一个能掌控自己意志力的人，是具有推动社会的伟大力量的人。这种巨大的力量可以帮助他实现他的期待，达到他的目标，实现他人生的价值。拿破仑曾说："我成功，是因为我志在成功。"

第三章

拥抱逆境，锤炼意志

人生是没有一帆风顺的，因为你的另一半命运是掌握在上帝的手中，它总爱这么捉弄人，抛洒下不幸和痛苦，但聪明人不但不恨它，反而感谢它，因为人生在得到金钱、地位、名誉、健康或美貌后，还需要逆境作陪衬，这才算是真正的人生。逆境是人生的必修课，只有通过了逆境的考验，才能最终到达成功的彼岸。而没有通过逆境，即使获得了成功也只是运气或者依靠他人的结果，最终的成功也不会真正属于你自己。

用压力成就顽强意志

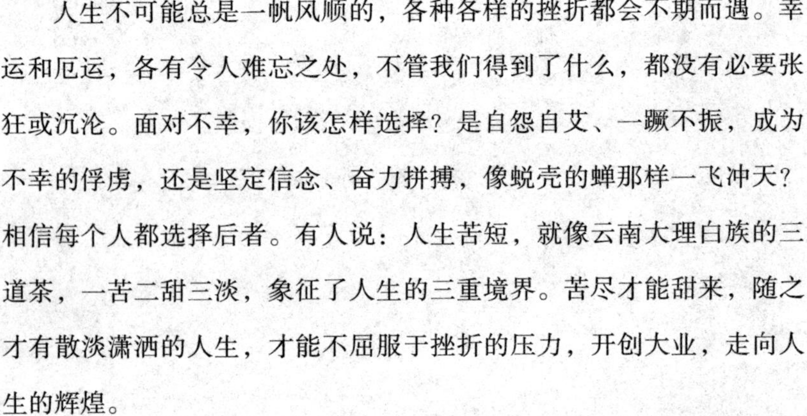

人生不可能总是一帆风顺的，各种各样的挫折都会不期而遇。幸运和厄运，各有令人难忘之处，不管我们得到了什么，都没有必要张狂或沉沦。面对不幸，你该怎样选择？是自怨自艾、一蹶不振，成为不幸的俘虏，还是坚定信念、奋力拼搏，像蜕壳的蝉那样一飞冲天？相信每个人都选择后者。有人说：人生苦短，就像云南大理白族的三道茶，一苦二甜三淡，象征了人生的三重境界。苦尽才能甜来，随之才有散淡潇洒的人生，才能不屈服于挫折的压力，开创大业，走向人生的辉煌。

俗话说：“温室中是长不出参天大树的”，圣人也说过：“岁寒，然后知松柏之后凋也”，这都是说在逆境和与困苦的斗争中才能塑造英才，在高压下才能锻造出优质钢，关于创业成才，还有许多名人名言，如：行百里者半九十，离成功越近的地方，留下的遗憾往往越多。

考验一个人的勇气，往往不是只看他敢不敢死，而是看他敢不敢活下去。

世上没有做不成的事，只有做不成事的人。

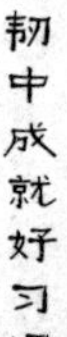

使成功具有必要性，需要在找到充分理由后下定决心；但要具有必然性，则需具有坚持不懈的信心和毅力。

唯有奋斗才能成功。这是最好理解又是最难做到的。难就难在“屡战屡败，屡败屡战”的韧性和毅力。

由于缺乏一点勇气，许多有用的人才都在这个世界上消失了。英雄不比普通人更有运气，只是比普通人更能延续最后5分钟的勇气，于是，少数“吃得苦中苦”的人，成了“人上人”，成功了。这里没有更多的秘诀，就是两个字：坚持。

史泰龙成为巨星，就在于他的坚持。

史泰龙的父亲是一个赌徒，母亲是一个酒鬼。这样的家庭环境，的确没有办法给他创造好的环境，

高中辍学后，他便在街头当混混。直到他20岁的时候，一件偶然的事刺激了他，使他醒悟反思：“不能这样做。如果这样下去，和自己的父母岂不是一样吗？成为社会垃圾，人类的渣滓。不行，我一定要成功！”

史泰龙下定决心，要走一条与父母迥然不同的路，活出个人样来。但是做什么呢？他长时间思索着。从政，可能性几乎为零；进大企业去发展，学历和文凭是目前不可逾越的高山；经商，又没有本钱。他想到了当演员，当演员不需要过去的清名，不需要文凭，更不需要本钱，一旦成功，却能名利双收。可他又不具备演员的条件，长相就难以过关，又没接受过专业训练，没有经验，也无“天赋”的迹象。然而，“一定要成功”的驱动力促使他认为，这是他今生今世唯一出头的机会，最后的成功可能。决不放弃，一定要成功！

于是，他来到好莱坞，找明星、找导演！向可能使他成为演员的

人哀求：“给我一次机会吧，我要当演员，我一定能行！”他一次又一次被拒绝。但他并不气馁，他知道，失败定有原因。每当被拒绝一次，他就认真反省、检讨、学习一次。但是很不幸，一晃两年过去了，他一贫如洗，便在好莱坞打工，做些粗重的零活，两年来他遭到1000多次拒绝。

他也曾失望过、痛苦过，也曾思考过，难道赌徒、酒鬼的儿子就只能做赌徒、酒鬼吗？不行，我一定要成功！他想到，既然不能直接成功，那能否换一个方法。他想出了一个“迂回前进”的思路：先写剧本，待剧本被导演看中后，再要求当演员。幸好现在的他，已经不是刚来时的门外汉了。两年多耳濡目染，他已经具备了写电影剧本的基础知识。

一年后，剧本写出来了，他又拿去遍访各位导演，“这个剧本怎么样，让我当男主角吧！”普遍的反映都是，剧本还可以，但让他当男主角，简直是天大的玩笑。他再一次被拒绝了。

他不断对自已说：“我一定要成功，也许下次就行！”在他一共遭到1300多次拒绝后的一天，一个曾拒绝过他20多次的导演对他说：“我不知道你能否演好，但我被你的精神所感动。我可以给你一次机会，但我要把你的剧本改成电视连续剧，同时，先拍一集，就让你当男主角，看看效果再说。如果效果不好，你便从此断绝这个念头吧！”为了这一刻，他已经做了三年多的准备，终于可以一试身手。机会来之不易，他不敢有丝毫懈怠，全身心投入。第一集电视剧创下了当时全美最高收视纪录，他成功了！

史泰龙的健身教练哥伦布医生这样评价他：“史泰龙每做一件事都百分之百投入。他的意志、恒心与持久力都是令人惊叹的。他是一个行动家。他从来不呆坐着让事情发生，他会主动地令事情发生。”如果史泰龙当初只是“想”成功，在茶余饭后做做明星梦，消遣一下，他就绝不会有今天。因为那样的话，他就不会付出，不会拼命。

世上没有做不成的事，只是可能不是人人都有必定做成的决心和毅力。有压力并不可怕，可怕的是我们被压力压得抬不起头来。

在面对压力时，切忌陷在自我忧虑中；而是要冷静思考，全面评估现状，整理思路，找到策略和行动方案，根据轻重缓急应对。

琼斯在威斯康星州经营农场，有限的收入只能勉强维持全家人的生活。他的身体强健，工作认真勤勉，从来不敢妄想拥有巨大的财富。在一次意外事故中，琼斯瘫痪了。亲友都认为他这辈子完了，事实却不然。

琼斯的意志丝毫不受影响，依然可以思考和计划。他决定让自己做一个有用的人，继续养家糊口，而不至于成为家人的负担。

他对家人说：“我的双手不能工作了，我要开始用大脑工作，由你们代替我的双手。我们的农场全部改种玉米，用收成的玉米养猪，趁着乳猪肉质鲜嫩的时候灌成香肠出售，一定会很畅销！”

果然，“琼斯乳猪香肠”成为家喻户晓的美食。

天无绝人之路。生活抛给我们一个难题，同时也暗中给了我们解决难题的能力，这就是压力与动力并存的道理。

琼斯的身体瘫痪了，可他的意志却丝毫没受影响，并且乐观地面对残酷的现实。他利用自己的大脑，然后借用别人的手，依然干出了自己的一番事业。琼斯事业有成，是因为他面对压力没有低头，并且另辟蹊径，走向了事业的成功。

的确，每个人都应有迎接厄运的气度和胸怀，在打击和挫折面前

做个坚强的勇者，跌倒了再重新爬起来，将自己重新整理，以勇者的姿态迎接命运的挑战。

面对压力，喋喋不休地诅咒只能证明自己的心胸狭窄和不成熟。与其如此，倒不如对它说声谢谢，感谢挫折和压力，是它让我们变得更加坚强。

我国著名的国际口画艺术家杨杰出生在农村，6岁时双手触及高压线而不幸失去双臂，他被送至儿童福利院十年。十年过后归家，周围一切都发生了很大变化，他感觉到封闭、生疏、艰难，很不适应。痛定思痛之后，他除了继续钻研绘画外，又开始了新的拼搏和追求。他向人讨来笔墨，每天用牙磨墨临池，用于练习的报纸高过他身高的几倍。终于功夫不负有心人，他在世界多个国家表演口画艺术，他的画在国外展出，并出版了个人画册，获得了多项荣誉称号。自强不息，哪怕有一丝希望也决不放弃，这就是杨杰的人生态度。

正因为有险境、有风波，才刺激、才快乐。人生好比旅行，因为有压力才会有消除压力后的独特享受。

“跟许多勇士一样，他是人们掌声中的成功者，叹息声中的失败者。”这是一位登山家的墓志铭。

他曾经多次征服世界的高峰，回国时受到英雄式的迎接；他登山的经历被出版社印成专集，引起了人们的强烈反响。然而，在征服世界第二高峰后的第二年，他又去攀登圣母峰，但不幸丧生于雪崩。噩耗传来，许多人感叹他太不知足，以致失去过去的荣誉，更断送了自己的生命。

但是，登山者攀登的不是高山，而是自己的理想。理想是一种信仰，而向着理想迈进的路途是一种追求！理想是生命中的太阳，正因为我们有了理想，人的生命才如此绚丽多彩。人生最大的快乐，不在于占有多少财富，不在于占有多少名利，而在于有一颗为了理想而奋斗的心灵。

一个人所受到的压力和他的能力是成正比的，一个人所承受的压力越大，他所释放出的能量也就越大。

把挫折当做考验意志的机会

遇到挫折时，不同的人会有不同的表现。有人把西瓜大的困难看成芝麻般微小，有人把芝麻般小的挫折看成西瓜那样大，这就是意志强弱不同的人对待挫折的不同态度。其实，挫折如弹簧，你硬它就软，你软它就硬。意志顽强的人面对沉重的压力、巨大的挫折，会坦然处之，笑傲人世；意志薄弱的人面对微弱的压力、稍不如意的境遇，便会垂头丧气，一蹶不振。因此要催开成功之花，我们必须培养和磨炼顽强的意志。

挫折，是磨炼人格、意志的最高学府；人们在战胜一分挫折的同时，也获得了一分智力，所以，当人们遇到困难，就要恬淡、冷静地对待它，这样就能心安、镇静。

成功学大师卡耐基说：“‘挫折’是大自然的计划，经由这些

‘挫折’来考验人类，使他们能够获得充分的准备，以便进行他们的工作；‘挫折’是大自然对人类的严格考验，它借此烧掉人们心中的残渣，使人类这块‘金属’因此而变得纯净，并可以经得起严格使用。”

每个人都会在人生中面临各式各样的考验，如果不能发现并勇敢地接受，可能就失去了一次成功的绝佳机会。古人云：“福兮，祸之所倚，祸兮，福之所依。”机会同样如此，往往越是严峻的考验越潜藏着巨大的机会。

西班牙一个制作糕点的小商贩哈姆威，怀着掘金的心态来到了美国。但是那里并非他想象中的遍地黄金，他的生意和在西班牙相比，根本没有多大的区别。

1904年夏天，美国即将举行世界博览会，哈姆威把糕点工具搬到了会展地点路易斯安那州。庆幸的是，他被政府允许在会场外面出售他的薄饼。但会议开始时，他的薄饼生意非常糟糕，而旁边一位冰淇淋商贩的生意却很好，一会儿就售出了许多冰淇淋，很快他把用来装冰淇淋的小碟子用完了。

这时，心胸宽广的哈姆威见状，就把自己的薄饼卷成锥形，让它来盛放冰淇淋。卖冰淇淋的商贩见这个方法可行，就要了哈姆威的薄饼，大量的锥形冰淇淋便进入客商们的手中。但令哈姆威意料不到的是，这种锥形的冰淇淋被客商们看好，而且被评为“世界博览会的真正明星”。

从此，这种锥形冰淇淋大行其道，这就是现在人们吃的蛋卷冰淇淋。它的发明被人们称为“神来之笔”，有人这样假设，如果两个商铺不靠在一起，那么至今我们能否吃上蛋卷冰淇淋也很难说。

如果说两个商铺靠在一起是偶然，那么两个商人对这个机会的把握便是一种考验，而他们也正是把握住了考验而成就了奇迹。

其实考验和机遇总是联系在一起的，即使面临挫折，挫折的考验中也会蕴藏着巨大的机遇。

一天，一个农民的驴子掉到了枯井里。可怜的驴子在井里凄惨地叫了好几个钟头，农民在井口急得团团转，就是没办法把它救起来。最后，他断然认定：驴子已经老了，这口枯井也该填起来了，不值得花这么大的精力去救驴子。

农民把所有的邻居都请来帮他填井。大家抓起铁锹，开始往井里填土。起初，驴子只是在井里恐慌地大叫。但不一会儿，它居然安静下来。几锹土过后，农民终于忍不住朝井下看，眼前的情景让他惊呆了。每一铲砸到驴子背上的土，它都作了出人意料的处理：迅速地抖落下来，然后狠很地用脚踩紧。

就这样，没过多久，驴子竟把自己升到了井口。它纵身跳了出来，快步跑开了。在场的每一个人都惊诧不已。

有时候人生的挫折和考验就正如这掉到驴子身上的土，当消极面对时，它便是灾难；反之，就是获得成功的一个难得的机遇。

确实，挫折就是一笔财富。它是磨练意志、增强毅力的契机。禁不起挫折的考验和磨练，就只会在顺利的阳关大道上前进，不善于越过坎坷而去挑战挫折，这样长此以往就会失去磨练意志、增强毅力的难得契机，也难以成就一番事业。挫折固然是阻碍前进的绊脚石，但换个角度思考，它却是积累经验、开启心智的引玉之砖。

从挫折中学到的东西，比从成功中学到的还要全面深刻。面临挫折，不要气馁，每一次挫折就是人生的一次考验，而每一次考验便是人生的一次宝贵的机会。

贝基拉出生在埃塞俄比亚一个贫苦的家庭，小的时候他渴望成为一名驰骋赛场的长跑健将。但极度贫寒的家境，使他不仅拿不出训练费，连最便宜的普通跑鞋也买不起。

一天，一位跨栏教练员听了贝基拉的倾诉，将他带到一组很矮的栏杆前，让他一路跑过去，他轻松地跨越一个个栏杆。教练员又指了指那组已升高到足有1.5米的栏杆让他再试一试，他努力了好几次，也没能跨过去。

这时，教练员平静地告诉他："孩子，你刚才所说的那些困难，就像眼前的这一道道栏杆。你现在跨不过去，但可以在一次次的失败后，最终跨越它们，你还可以踢翻它们，也可以绕过它们。你只需盯准前方，只管努力地向前奔跑，相信没有什么可以拦住你的梦想的。"

贝基拉又一次燃起了希望，从此，买不起跑鞋的贝基拉开始了坚定而执著的赤脚奔跑训练，广袤的原野、泥泞的山路、坚硬的戈壁滩上……随处可见他奔跑的身影，他已练出了一双铁脚板。数年后，他成了埃塞俄比亚著名的马拉松运动员。

1960年罗马奥运会马拉松赛场上，贝基拉一出现，便引起人们的关注，因为他是唯一赤脚的运动员。在数万名现场观众热烈的掌声中，贝基拉为他的祖国赢得了一块沉甸甸的金牌。

1964年，距东京奥运会开幕还有20多天，贝基拉动了一次手术，很多人以为他会放弃比赛。然而，32岁的他不仅出现在马拉松赛场上，而且再夺金牌，成为奥运史上第一个蝉联这个项目冠军的选手，也成为埃塞俄比亚的民族英雄。

赛后，面对记者的采访，贝基拉激动地感慨道："一切都很简单，只要站在跑道上，就没有什么障碍可以拦住奔跑的雄心，就只管向前，再向前，一路向前地奔赴梦想的终点。”

是的，现实在我们每个人面前，都可能会横着一些诸如清贫、疾病、磨难之类的障碍，只要不失去向前奔跑的雄心，勇敢地跨越它们，踢翻它们，绕过它们，就一定会抵达梦想的前方。

贝基拉正是在这种信念的指引下，不断地跨越人生路上的挫折和困难。只要一直坚定地向前奔跑，就没有什么可以阻挡我们奔赴梦想的步伐。

锻炼坚如磐石的意志

从意志的角度，可以把人分为两类：一类是意志坚强的人，另一类是意志薄弱的人。后者在面临困难挫折时总是选择逃避，畏缩不前。面对批评，他们极易否定自己，从而灰心丧气，等待他们的只有痛苦和失败；而意志坚强的人则相反，他们内心中都有股与生俱来的坚强特质。所谓坚强特质，是指在面对一切困难时，仍有勇气承担外来的考验，能够磨炼自己如磐石般的意志。

美国一个小镇上有位名叫萨德的男孩，他是一个真正意志坚强的人。在他升入中学后不久，腿就瘸了，并迅速恶化为癌症，其中一条腿

被无情地切掉了。出院后，他拄着拐杖返回学校，高兴地告诉朋友们，说他将会安上一条木头做的腿："到时候，我便可以用图钉将袜子钉在腿上，你们谁都做不到。"

学校足球赛，萨德立刻去找教练，问他自己是否可以当球队的管理员。经过他的再三恳求，教练最终答应了。在随后的几星期中，他每天都准时到球场，他的勇气和毅力感染了全体队员。然而，有一天下午他没有来，教练非常着急。后来才知道他又进医院做检查了，并得知萨德的病情已恶化为肺癌，医生说："萨德只能活两个月了。"

萨德的父母决定先不将此事告诉他，他们希望萨德在生命的最后时间，能尽量正常地生活。所以，萨德又带着满脸笑容回到球场上看其他队员练球，并为他们加油鼓励。因为他的鼓励，球队在赛季中保持了全胜的纪录。为庆祝胜利，他们决定举行庆功宴，准备送一个全体球员签名的足球给萨德。但令人遗憾的是，萨德因身体太虚弱无法参加。

一周后，萨德离开了人世。他用坚强的意志将悲惨的事实转化为富有创意的生活体验。或许，有人会说，他还是死了，意志和决心最终也没有帮上他，这并不完全对。至少萨德凭借意志的力量，在最坏的环境中创造出令人振奋而温暖的感觉。他能正视并勇敢地接受现实，而没有选择逃避。虽然他的生命如此短暂，但他仍把勇气、信心与欢笑永远留在他所认识的每一个人的心中。一个能做到这一点的人，你还能说他的一生失败了吗？

每个人都会遇到挫折，也都有意志脆弱和决心消失的时候，但是有些人能靠自己坚强的特质重新恢复自己的意志和决心，他们是意志坚强的人。

天狮集团的董事长李金元，14岁开始在华北油田工作，经过几年的积累，准备到天津发展。花了80万元买回了骨参生产配方，又贷款1200万元，在天津市武清县建立了一座4000多平方米的生产厂房。可是，产品却没有生产出来。技术人员看势头不妙，偷偷地溜了。李金元非常苦闷：眼下企业遇到了困难，要克服这些困难，我必须磨炼自己的意志，有了坚强的意志，才能不被困难所吓倒。于是他冬天到水塘里去游泳，吓得保安以为他要自杀。正是他有意识地锻炼自己的意志，才成就了这个从农村走出来的中国富豪。

古巴著名的田径运动员罗伯斯，他被誉为古巴运动史上最伟大的英雄。在巴黎黄金联赛上，他创造了12秒88的成绩，一举打破了此前刘翔所保持的世界纪录。

然而很少有人知道，两个月前，他还有一次死里逃生的经历。

罗伯斯对旅游情有独钟。2008年5月，他背上厚厚的旅行包，坐上了飞往埃及的飞机。下了飞机，他选择了一路小跑。凭着良好的身体素质，不出半日，他就前进了30英里。

中午，他简单地吃了一点儿干粮，准备继续前行。按照计划，他将在晚上6点到达金字塔。然而，一股巨大的旋风在他身后500米外形成，并迅速将他卷入其中。

半个小时后，他才从昏迷中醒过来，他被带到了另一片沙漠里，除了一瓶水和一些散落的饼干，他发现风暴什么也没给他留下。更为糟糕的是，他迷了路，他不知道眼前这一片浩瀚的沙漠，他何时能走出去。

吃了一点儿饼干，等身体恢复些力气，他开始起身。为了节省体力，他不得不放慢速度。下午，天气变得异常炎热，他渴得厉害，但一直忍着，只有在感觉难以支持的情况下，才小心翼翼地打开水瓶抿一口。一个下午加一个晚上，他不知道自己走了多远，第二天天亮的时候，他依然看不见尽头。前后左右，只有讨厌的黄沙相伴。为了生存，他不得不把自己的尿液装在瓶子里。至于吃的，他只得寻找沙漠里那些仅存的稀有小草，抹一把就塞进嘴里。

就是在如此恶劣的环境中，罗伯斯整整坚持了十天。最后一天行走时，他突然看见沙坡的对面有个巨大的湖泊。几乎是伴随着一声尖叫，他像狼一样奔过去。前面是一段水草地，他没意识到灾难再次来临。直到身体猛然往下沉，他才慌了，他越是挣扎，就陷得越厉害。

他脑子里立刻冷静下来，尽量把身体展开，以此增大身体的浮力。五分钟后，他听到不远处有人说话的声音。他大声呼叫起来，很快他就听到了对方的回答，他以英语回复了他们的叫喊。他得救了！

面对闻讯而来的媒体，他深有感触地说：“这10天比我20年的收获还要多。我永远都不知道出路会落在脚下的哪一步，所以我只得向前，再向前。我至此才深深明白，其实，每个生命都是一种行走，坚持走下去，才有自己的出路，做人是这个道理，做事也是这样！”

向前，再向前，无论摆在面前的是挫折、苦痛，还是阻碍。只有不断地行走，不断地向前，才能走出人生路上的困境，才能找到自己的出路，最终走出属于自己的一片天空。如果每个人都拥有这样的信念，一定可以超越一切困难。

修炼逆境中崛起的意志

遭遇逆境时，不同的人有不同的态度，不同的态度会有不同的结果。逆境中，悲观失望、自暴自弃的人，会最终淹没于逆境的冰河里，悲哀地荒芜一生。坚强刚毅、沉着应对的人，则能冲出逆境的樊篱，谱写出震撼人心的生命篇章。

我们认为，身处逆境或逆境来临时，要做到“三不”。

面对逆境，我们不能总是用阿Q式的精神胜利法麻醉自己，也不能用祥林嫂式的念叨去博取别人的同情。而是应对现实的逆境作认真的思考，既不能自欺欺人，也不能萎靡不振。

逆境是人生的必修课。有人说，逆境是一所最好的学校。每一次失败，每一次打击，都孕育着成功的萌芽。然而，逆境并不是总是能那么轻松地度过。如果遭遇的失败很惨重，面临的处境很艰难，可能会使人陷入绝境，绝境下滋生的可能就是绝望。

实际上，没有绝望的环境，只有失望的人。如果对生命和前途产生了深深的绝望，那么反之生活也会对你绝望。迎接你的将会是更深的绝望，而你也会陷入绝望中不能自拔，从此沉沦。

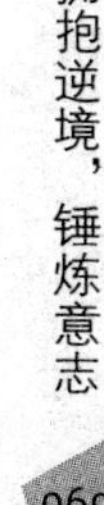

即使再绝望的境地，也会存在着希望和机会。能够冲破绝望，在绝望中找到希望的人，也就能最终敲开藏在绝境后面的成功大门，取得别人所不能取得的成就。然而绝望中寻找希望不是一件容易的事情。

首先，需要具备坚强的意志和忍耐力。绝境总是让人痛苦的，痛苦就会让人丧失斗志，迷失方向。而如果被痛苦的酒精所麻醉而不能保持清醒的头脑，那么便只会在绝望中沉沦。这个时候，应乐观地看待所面临的绝境，勇敢地面对接踵而来的困难，有这样的心态，才能在逆境中崛起。

其次，还需一点智慧的灵光。绝境就像是一道难题，通俗的方法可能对它没有作用。如果这个时候灵光一现，换个角度思考问题，或许看似困境的情况却把你向成功的道路推了一把。

跌倒了能够勇敢地站起来，便是真正的顶天立地。逆境中求崛起也正是铸就成功者不同于常人品质之所在。

王婷从小生活就充满了坎坷。王婷的父母是上海知青，她出生在江西农村。8个月大时，她不幸患小儿麻痹症。由于误诊，错过了最佳治疗时机，双腿瘫痪了。

王婷说："从来就不知道走路是什么滋味。可从没为此恨过、哭过。因为，就算恨了、哭了，能换回健康的双腿吗？"

从小，这个乐观坚强的女孩就懂得用笑面对命运的不公、人生的挫折。虽然自己的身体不能站起来，但她的精神和意志却早已从跌倒中站了起来。

随着年龄的增长，挑战越来越多。尽管她在初中升学考试中考了高分，但是所有学校在得知她有残疾后都将她拒之门外。

在家静休一年后，她尝试就业。但即使有很多好心人积极帮助，工作还是没有着落。她深深记得求职时听到的一句风凉话："人家健全人还有那么多下岗的等着安排，你来凑什么热闹？"

然而，王婷说："这不怪人家，想想自己那时候能做什么呢？"

1999年，她终于迎来了人生的转机。王婷被专业教练选中，开始从事轮椅竞速训练，翌年第五届全国残运会上就拿下5枚金牌，一举成名。此后，她又练起了投掷项目，并多次在国际大赛中为国争光。后来，她又获得了残奥会的金牌。

王婷用灿烂的笑容和骄人的成绩演奏了一曲自强不息的生命赞歌。她也用行动向世人诠释了一个道理：即使跌得再惨，只要有勇气站起来，生命同样可以奏出辉煌的乐章。

美国罗斯福总统的一生同样充满了坎坷和挫折。在他人生最得意的时候，却遇到了人生中最大的挑战。也正是这个挑战，让罗斯福向世人展示了一个伟人在面对人生挫折时的坚强品质和精神。

1921年8月，罗斯福在坎波贝洛岛休假，在扑灭了一场林火后，他跳进了冰冷的海水，因此患上了脊髓灰质炎症。高烧、疼痛、麻木以及终生残疾的前景，并没有使罗斯福放弃理想和信念，他一直坚持不懈地锻炼，企图恢复行走和站立能力，他用以疗病的佐治亚温泉被众人称之为"笑声震天的地方"。

据说在罗斯福刚患病的时候，他心灰意冷，想要退隐。在家休养的那段时间，刚开始时，他必须坐在轮椅上。但他讨厌整天依赖别人把他抬上抬下，所以晚上就一个人偷偷练习。有一天他告诉家人说，他发明了一种上楼梯的方法，要表演给大家看。他先用手臂的力量，把身体撑起来，挪到台阶上，然后再把腿拖上去，就这样一阶一阶艰难缓慢地爬上楼梯。

正是这种敢于面对自己人生挫折和失败的精神，最后帮助罗斯福重振雄风，再次成为美国乃至世界政坛无比耀眼的明星。

张海迪说过：“即使跌倒100次，也要101次地站起来。”此时站起来便是真正的巨人。

易卜生说：“不因幸运而故步自封，不因厄运而一蹶不振。真正的强者，善于从顺境中找到阴影，从逆境中找到光亮，时时校准自己前进的目标。”

所以，跌倒了，要勇敢站起来，向着自己心中的目标继续前进。

《红楼梦》的作者曹雪芹一生坎坷凄惨。他在经历家庭急剧败落的变化之后，看到了封建统治阶级的盛衰轮替以及无可挽救的命运，深感自己生不逢时，决心写出一部前无古人的传世小说。

但在封建社会，读书人的唯一“正路”是读经书、考科举，写小说则被认为是“不肖”、“不才”的行径。当时又是清朝文字狱盛行的时期，在写作中稍有不慎，就会触怒统治阶级，轻则充军流放，重则满门抄斩，甚至株连九族。而曹雪芹写的恰恰是一部“怨世骂时”的书，于是遭到了族人的不满和统治者的猜忌。除了几个好友支持他外，世人都认为他是“傻子”“疯子”。

统治者甚至用拆毁房屋，令他几度搬迁来阻止其写作的进度。面临这样的逆境，曹雪芹没有消沉退却，而是从中汲取动力，更加努力地进行写作。曹雪芹正是把逆境当成动力，才没有因穷困潦倒、备受欺凌而草率写作。

他把全部心血都倾注到写作上，逆境中“披阅十载，增删五次”，终于写出了令世人称颂不已的《红楼梦》。正是这种种考验让《红楼梦》显得如此弥足珍贵，也正是这屡屡磨练让曹雪芹对人世种种有如此深刻的认识。用血泪熔铸的《红楼梦》正是曹雪芹经历的种种人生考验的结晶。

1984年，可口可乐公司遭到百事可乐公司强有力的挑战。为了扭转不利的竞争局面，可口可乐公司把重任交给了塞吉诺·扎曼。扎曼采取更换可口可乐的旧模式，标之以“新可口可乐”，并对其大肆宣传。他自以为是，根本就没有考虑到顾客口味的不可变性，他将老可口可乐的酸味变成甜味，这就违背了顾客长久以来形成的习惯。结果，新可口可乐成为继美国著名的艾德塞汽车失利以来最具灾难性的新产品。

这次失败对扎曼在公司的地位造成了巨大的负面影响。不久，饱受攻击的他黯然离职。但是他没有在失败的考验中退缩。

他和另一个同伴合伙开了一家咨询公司。在亚特兰大一间被他戏称之为“扎曼市场”的地下室里，他操纵着一台电脑、一部电话和一部传真机，为微软公司和酿酒机械集团这样的著名公司提供咨询。他的信条是：“打破常规，敢于冒险”。在这个信条的指引下，扎曼为一大批客户成功地策划了一个又一个发展战略。最后，甚至连可口可乐也来向他咨询，请他回来整顿公司工作。可口可乐公司总裁罗伯特承认：“我们因为不能容忍错误而丧失了竞争力，其实，一个人只要运动就难免有摔跟头的时候。”

正如奥斯特洛夫斯基所说：“人的生命似洪水在奔流，不遇着岛屿、暗礁，就难以激起美丽的浪花。”

意志在前，困难在后

在现代社会，重视结果是一种思维方式，更是一种精神和难能可贵的品质。重视结果就意味着你会有一种不达目的誓不罢休的决心和信念，以及为了目标持之以恒、坚韧不拔的意志。历史上，许多伟人之所以能够达到他们最后想要的结果，正是这种思维方式和精神品质在起作用。

有一则寓言是这样的：在一间工具房中，有一些工具聚在一起开会，大伙商量要怎样对付一块坚硬的生铁。

斧头首先耀武扬威地说："让我来，我可以一下子就把它解决了。"于是斧头很用力地对着铁块砍下去。可是，只有一会儿的功夫，斧头便钝了，刃都卷了起来。

"还是我来吧！"锯子信心十足地说着，它用锋利的锯齿在铁块上来回地锯，但是没有多久，锯齿都锯断了。

这时锤子笑道："你们真没用，退到一边去，让我来显显身手。"于是锤子对铁块一阵猛锤猛打，其声震耳。但锤了好久，锤子的头也掉了，铁块依然如故。

“我可以试试吗？”小小的火焰在旁边请求说。大家都瞧不起它，但还是给了它一个机会试试。

小火焰轻轻地围着铁块，不停地烧，不停地烧。过了一段时间，在它坚韧的热力之下，整个铁块终于烧红，并且完全熔化了。

上面的寓言虽然说的是要有恒心的道理。然而，如果一开始火焰就对最后的成功和结果抱着一种无所谓的态度，而只是想试试。那么，在经过一段时间的煅烧之后，铁块还没有反应，火焰就会放弃努力。正是一种对最后结果的执著追求才会让人不懈地努力，直到最后获得成功。

过程和结果本来就不是冲突的，重视结果只是一种思维方式。它并不排斥过程，而只是在这种思维方式的指导下能够让人产生更强的动力，拥有更坚强的意志和信念。下面的故事正说明了这样的道理。

在旧金山的贫民区里住着一个叫辛普森的小男孩。辛普森因为营养不良又患有软骨症，6岁的时候，双腿便严重萎缩成弓形。

但残缺的身体，并没有让他放弃心中的梦想，他的愿望是有一天能成为美式足球的明星球员。

很小的时候，他就是美式足球传奇人物吉姆·布朗的忠实球迷，只要吉姆所属的布朗斯队来到旧金山比赛，辛普森一定会跛着步子，辛苦地走到球场，为心目中的偶像加油助威。

由于家境贫穷，买不起门票，辛普森总是等到比赛快结束时，从工作人员打开的大门溜进去，欣赏最后几分钟的比赛。

有一次，布朗斯队与旧金山四九人队比赛结束后，在一家冰淇淋店里，他终于有机会和心目中的偶像吉姆·布朗面对面接触，而那也正是他多年来最兴奋、最期待的一刻。他大方地走到这位球星的面前，大

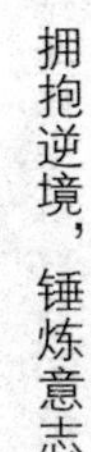

声说："布朗先生，我是您忠实的球迷！"

吉姆·布朗和气地向他说了声谢谢，辛普森接着又说："布朗先生，我想跟您说一件事……"

吉姆·布朗转过头来问："小朋友，请问是什么事呢？"

辛普森一副骄傲的神态说："我清清楚楚地记着您所创下的每一项纪录和每一次的攻防！"

吉姆·布朗开心地回应着笑容，拍拍他的头说："孩子，真不简单。"

这时，辛普森却挺起胸膛，眼睛闪烁着炽烈的光芒，充满自信地说："不过，布朗先生，有一天我要打破您所创下的每一项纪录！"

听完小男孩的话，这位体育大明星微笑地说："哇，好大的口气，孩子，你叫什么名字？"

小男孩得意地说："奥伦索，我的名字叫奥伦索·辛普森。"

后来，辛普森为了这个目标一直不懈努力。在自己遇到挫折的时候，他也从来没有用"自己已经尽力了"这样的想法来使自己放弃，因为他清楚地知道：他想要的是结果，是最后的成功。最后他也获得了成功，成为了全美的橄榄球巨星。

重视结果，不是简单认定过程的不重要，而是进一步强调其重要性。纵观那些名留青史的伟人，或者如今让我们仰视的成功人士，从他们的名言启示中，无不流露出一种观点：在人的自我实现过程中，预料结果并能收获预期结果是关键的，这也是他们奋斗和努力的原动力。正是这样一种思维方式以及由此产生的信念，最后让他们能够克服各种困难，获得最后的成功。

美国著名的西点军校里诞生了无数在各行各业做出非凡成就的成

功人士，其中包括国会议员、医生、特工、教授、律师、飞行员、企业家、工程师、科学家以及诸多首席执行官等等。当询问这些人如何能够取得如此巨大的成就时，他们的答案几乎一致："在西点，人们只能有一个态度，就是在接受任务的时候，对自己说：'我能行！'除此之外，你没有别的选择。接下来，剩下的事情就是去很好地完成你的任务。"正是这样的信念让这些人拥有了坚定的信心，指引他们取得了巨大的成就。成功的人在做事之前往往都有坚强的决心，这样的例子数不胜数。

前苏联著名作家，尼古拉·阿耶克塞耶维奇·奥斯特洛夫斯基一生经历坎坷。他出生在乌克兰维里亚村一个贫困的农民家庭。他11岁便开始当童工，1919年加入共青团，随即参加国内战争。由于他长期参加艰苦斗争，身体健康受到严重损害。到1927年，健康情况急剧恶化。但他毫不屈服，以惊人的毅力同病魔作斗争。

1927年底，奥斯特洛夫斯基在与病魔做斗争的同时，创作了一篇关于科托夫骑兵旅成长壮大以及英勇征战的中篇小说。两个月后小说写完了，他把小说封好让妻子寄给敖德萨科托夫骑兵旅的战友们，征求他们的意见，战友们热情地评价了这部小说。可万万没想到，唯一一份手稿在寄给朋友们审读时被邮局弄丢了。这一残酷的打击并没有挫败奥斯特洛夫斯基的坚强意志，反而使他更加顽强地同疾病作斗争。

1929年，他全身瘫痪，双目失明。1930年，他用自己的战斗经历作素材，以顽强的意志开始创作长篇小说《钢铁是怎样炼成的》。小说获得了巨大的成功，受到无数人的真诚而热烈的称赞，奥斯特洛夫斯基也成为了一代文豪。

磨砺意志，接受考验

要想成功必须具备坚强的意志，而锻炼意志则需要不断地接受考验和磨练。孟子云：“天将降大任于斯人也，必先苦其心志，劳其筋骨，饿其体肤，空乏其身，行拂乱其所为，所以动心忍性，曾益其所不能。”每一个经历不凡，成就伟业的人总需要先经历人生的考验，因为只有这样，才会成为真正的强者。

每个人都希望自己的人生道路一路坦荡，然而，现实中总会经历许多挫折和磨难。“宝剑锋从磨砺出，梅花香自苦寒来。”没有经历磨难的人生永远只是温室中的花朵，禁不起半点风吹雨打，即使能够在温室中度过一生，他也永远不能感受到外面的空气和阳光。这样的人生可以说是不完整的。

没有人能一生风平浪静，波澜不惊。面对人生的风浪，各人所表现出来的态度却是不同的。软弱的人往往害怕磨难，他们只会选择逃避和退让，让磨难肆虐而自己躲在一个角落寻求苟安一时。这是一种懦弱的表现，这样的人是生活的奴隶，他们永远不会获得成功。

近代音乐史上最伟大的音乐家贝多芬便有着充满坎坷和灾难的一生。

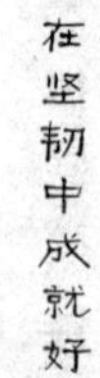

贝多芬出生于贫寒的家庭，父亲是歌剧演员，性格粗鲁，爱酗酒，母亲是个女仆。贝多芬本人相貌丑陋，童年和少年时代生活困苦，还经常遭受父亲的打骂。他11岁加入戏院乐队，13岁当上了大风琴手。17岁那年，母亲逝世了，他要独自一人承担起两个兄弟教育的责任。

1793年11月，贝多芬离开了故乡前往音乐之都维也纳。1796年，痛苦敲响了他的生命之门。他的耳朵日夜作响，听力逐渐衰退。1801年，贝多芬爱上了朱列塔·圭恰迪尔，他把《月光奏鸣曲》献给她。但是幼稚自私而且爱慕虚荣的朱列塔不理解他崇高的灵魂，并于1803年与他人结婚。这是令贝多芬绝望的时刻，他甚至曾写下了遗书，想要结束自己的生命。肉体与精神的双重折磨，都反映在他这一时期《幻想奏鸣曲》、《克勒策奏鸣曲》等作品中。当时席卷欧洲的革命波及了维也纳，贝多芬的情绪开始高涨，他又连续创作了《英雄交响曲》、《热情奏鸣曲》等作品。

1806年5月，贝多芬与布伦瑞克小姐订婚，爱情的美好产生了一系列伟大的作品。但是，爱情又一次把他遗弃了。不过这时贝多芬正处于创作的极盛时期，对一切都无所顾虑。他受到了世人瞩目，与光荣接踵而来的是最悲惨的时期：经济困窘，亲朋好友一个个死亡离散，耳朵也已全聋，和人们的交流只能在纸上进行。但是，苦难并没有让贝多芬屈服，反而让他变得更加顽强，正是在这种最艰难的处境下，他奏响了命运的最强音，创作了代表他音乐生涯巅峰的《命运》、《合唱》等作品，为当时的世界和后人展现了一个永不向命运屈服的灵魂。

伟人的一生往往都是充满着坎坷和灾难，但也正是坎坷和灾难造就了他们。在当代，同样有一个充满传奇色彩的人在时时刻刻与命运进

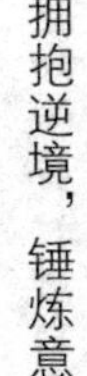

行斗争。这另一个永不向命运屈服的灵魂便是当今世界最著名的科学家之一——斯蒂芬·霍金。

斯蒂芬·霍金是剑桥大学应用数学及理论物理学系教授，也是当代最重要的广义相对论和宇宙论家。20世纪70年代，他与彭罗斯一道证明了著名的奇性定理，为此他们共同获得了1988年的沃尔夫物理奖。他也因此被誉为继爱因斯坦之后世界上最著名的科学思想家和最杰出的理论物理学家。他还证明了黑洞的面积定理。

其实，他之所以广受世人尊敬，更多的是因为他很多的科学成就都是在身体瘫痪，全身只有三个手指头能动和大脑能够进行思考的状态下取得的。霍金因患卢伽雷氏症（肌萎缩性侧索硬化症），被禁锢在轮椅上达20年之久。然而他身残志不残，克服了残废之患而成为国际物理界的超新星。他不能写，甚至口齿不清，但他超越了相对论、量子力学、大爆炸等理论而迈人创造宇宙的“几何之舞”。他运用出色的思想为人类解开了宇宙之谜。

医生曾断言身患绝症的霍金只能活两年，可他之所以能支撑到今天并取得卓越成就，凭借的正是他那坚强的意志。霍金的一生，是人类意志力的纪录，是科学精神创造的奇迹，也是经历坎坷而成就辉煌人生的例子。

勇者遇到人生的苦难只会逆流而上。在苦难面前，他们有着“让暴风雨来得更猛烈些吧”一样的豪情壮志。他们是真正的强者，也是生活的主人。历经磨难的人便会有着无比坚强的信念和意志，这样的人才能在任何时候立于不败之地，最终达到成功。

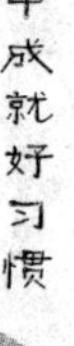

意志谱写苦难的旋律

人生在世，免不了要遭受苦难。所谓苦难，是指那些造成了巨大痛苦的事件和境遇。在我们的生活中，要用顽强的意志面对苦难，让苦难在意志的谱写下绽放出生命的旋律。

在美国马萨诸塞州偏远山村的一家农户中传出一声响亮的婴儿啼哭声。农户一家既有为人父母的喜悦，又有对于难以维持生活的担忧。用这个孩子后来在其自传中的话来形容，就是“当我还在襁褓中的时候，贫穷就已经露出了它凶恶的面目”。

父母为了维持几个孩子的温饱，不得不同时打好几份工，但即使是这样，这家人依然一天只吃一顿饭，吃了上顿没下顿，时时面临饥饿的威胁。这个孩子刚刚记事时，他就比有钱人家的同龄孩子们懂事得多。在那时，他稍稍感到饥饿时是不会向母亲要东西吃的，只有在感到非常饥饿时才会用一双深陷在眼窝中的眼睛观察母亲，如果看到母亲脸上的表情不是十分严肃，他就会伸出一双小手向母亲要一片面包。

贫困使得这个家中的孩子们没能接受完整的教育，本文的主人公更是在10岁就不得不外出谋生，之后当了整整11年的学徒。学徒的工作

又苦又累，如果不是被逼无奈，没有任何一对父母愿意让孩子受如此的苦难。

在结束了充满血泪的学徒生涯之后，这个孩子又到遥远的森林里当伐木工。几年后，已经长成强壮青年的他又继续依靠自己的能力干其他工作。虽然这期间的工作都十分辛苦，但是他居然利用夜间休息的时间读了千余本好书，这些书都是他跑了十几里山路从镇上的图书馆里借来的。就这样，他一边辛苦地工作，一边从书本中学习知识、汲取智慧。

无论面临怎样的困苦和艰难，他从来没有抱怨过任何人和任何事，即使是面对极不公平的待遇时他也仍然如此。

一次，他得知伐木厂附近的一家政府机构要招书记员。以他的能力和水平，完全可以胜任。结果在报名时，一位负责人不屑地告诉他："要想成为这家机构的书记员，首先要有高等学历，同时还要有当地资金丰厚的人愿意担保。"这两项条件他都不符合。

可就是这样一个几乎完全依靠自学获得知识的孩子竟然在40岁左右的时候以绝对优势打败竞争对手进入美国国会。后来，他又因为出色的政绩成为人们爱戴的美国副总统。他就是美国历史上最优秀的副总统之一——亨利·威尔逊，无论是他本人，还是他为美国历史，都创造了令世人瞩目的伟大成就。

一个曾经的失败者，不一定是个成功者。但一个成功者，一定是个曾经的失败者。对于一些人，苦难可以成为绊脚石，而对于另一些人，苦难变成了使人走向更高的人生境界的垫脚石。

人生就是一次次战胜苦难，赢得幸福与快乐的过程。没有苦难，人生也就没有了动力，没有苦难，也不会有战胜苦难以后幸福的微笑。

苦难是成功的基石。爱迪生说："实验失败1000次，就证明已经否定了1000种错误的方法，也就意味着朝成功又前进了一步。"

晋代名士车胤从小好学不倦，但因家境贫困，父亲无法为他提供良好的学习环境。为了维持温饱，没有多余的钱买灯油供他晚上读书。为此，他只能利用白天这个时间背诵诗文。

一个夏天的夜晚，他忽然见许多萤火虫在低空中飞舞。一闪一闪的光点，在黑暗中显得有些耀眼。他想，如果把许多萤火虫集中在一起，不就成为一盏灯了吗？于是，他去找了一只白绢口袋，随即抓了几十只萤火虫放在里面，再扎住袋口，把它吊起来。虽然不怎么明亮，但可勉强用来看书了。从此，只要有萤火虫，他就去抓一把来当作灯用。由于他勤奋好学，后来终于成为一个被众人赞赏的高官。

同朝代的孙康同他一样，由于没钱买灯油，晚上不能看书，只能早早睡觉。他觉得让时间这样白白跑掉，非常可惜。

一天半夜，他从睡梦中醒来，把头侧向窗户时，发现窗缝里透进一丝光亮。原来，那是大雪映出来的，他马上想到可以利用它来看书。于是他倦意顿失，立即穿好衣服，取出书籍，来到屋外。宽阔的大地上映出雪光，比屋里亮多了。孙康不顾寒冷，立即看起书来。此后，每逢有雪的晚上，他就不放过这个好机会，孜孜不倦地读书。这种苦学的精神，促使他的学识突飞猛进，成为饱学之士。

这两则故事告诉我们，虽然环境艰苦，但是也正是艰难的环境和苦难的生活磨练了车胤和孙康的意志，使他们能够获得成功所需的重要品质。

无独有偶，一代文豪高尔基的童年同样充满了苦难。高尔基3岁就失去了父爱，跟着母亲和外祖母来到了外祖父的一个小染坊。从此，黑暗的生活降临到高尔基的头上。外祖父的脾气十分暴躁，经常打外祖母和高尔基，使他幼小的心灵出现了阴影。

后来高尔基结识了知心朋友小茨冈，两人无话不谈，结下了深厚的友谊。可是，好景不长，可怜的小茨冈就被两个凶狠的舅舅害死了。此后，高尔基又与木匠“好事情”结为好友，但是木匠被外祖父赶走了。再后来，高尔基有了个继父，十分凶恶，经常打人。几年后，最疼爱他的外婆死了，母亲也死了，于是高尔基就被外祖父赶出家门，靠捡垃圾为生。

高尔基的童年一直在暴力和冷漠中度过，只有善良、和蔼的外祖母让他的生活有一丝温暖。高尔基的童年除了一些教育和友谊，没有什么再值得回忆!

然而童年的苦难并没有击垮高尔基，相反他却走向了坚强与勇敢，成了一代文学大师。

正如高尔基自己所说：“苦难是我的财富”。的确，上天是公平的，它让你承受了苦难的痛苦，同样也会给你苦难的回报。苦难是成功的积累，在苦难的磨练下，你会发现你离成功会越来越近。

培养永不言弃的意志

古希腊时，一位妈妈交给儿子一把剑，要他习剑。儿子练了一会儿，告诉妈妈说，剑太短了，够不着目标，能不能换一把长剑。妈妈说："剑短，你向前跨一步，剑不就变得长了，不就可以击中目标了吗？"

"向前跨一步"，这是一个很深刻的道理。世界上许多事情，你只要向前跨一步，就抵达目标了。问题是你需要战胜自己，用你全部的才能和意志，才能跨得出这一步。

日本作家芥川龙之介有个著名的"一步说"。芥川说："九十九步是一半，一步是一半。这是一个超数学问题。当代人不明白这个道理，因此诋毁天才；后世人不明白这个道理，因此在天才面前焚香！"他认为，在百米赛跑中，九十九步是一半，那剩下的一步是另一半。许多人都可以跑到九十九步，但是那剩下的一步只有天才才能跑到。这最后一步是最艰难的，然而也是最具有突破性的，跨越了这一步，就会看到胜利的曙光。

著名的华人企业家张明正的趋势科技在1997年之前一直与英特尔采用ODM的联盟方式进行合作，这种方式就是：产品挂英特尔品牌，由

英特尔负责全球行销和售后服务，趋势科技负责产品开发以及二线技术支持，并保有知识产权。

能跟英特尔合作是很多人梦寐以求的机会，然而趋势公司却在1996年摆脱ODM、走全球品牌营销的路线。毫无疑问，如果脱离英特尔，不仅短期的获利率、现金流都将大受影响，更意味着必须开始自己去冒险。而在美国打市场的成本是非常高的。

但张明正认为，只是一味地躺在英特尔充满诱惑的大树下，做着温暖的春梦，就像煮在温水中的青蛙。

有了这个想法，张明正带领趋势从温水中跳了出来。正因为抉择之不易，并且根本上改变了公司的未来方向，所以在张明正看来，比起资金匮乏的危机时刻，这是趋势创业史上更为关键的时刻。当然也正是这具有突破性的举动使趋势真正地走出了英特尔给它设定的牢笼，迈出了自己全球发展战略的关键一步。

1998年，得到软银投资之后，趋势科技在日本上市，并实现高速成长，市值一度达到66亿美元。

回头看当初的决策，张明正不禁喊出："好险啊！"因为1998年网络病毒"玛丽沙"在全球爆发，张明正正好推出了新产品，令趋势品牌在全球迅速扩张。"好在当时公司已与英特尔解约，否则该产品就得挂英特尔的牌子了，现在看来实在太危险。"张明正如今还心有余悸。

做出突破性的举动往往不易，因为（结果）要么是从安逸的环境进入到充满竞争和艰难的环境中；要么就是从停滞不前的状态进入到突飞猛进的发展状态。因此，突破是最需要勇气和创造力的。没有创造和敢于面对困难和挫折的勇气，就不可能像张明正一样做出如此的创举。

有时，跨越靠的是智力和创造；但有时靠的却是坚持和不放弃。

跨越关键性的一步是成功者的不凡之所在。他们凭借的要么是坚强的意志，要么是灵动的创造力。成功的道路就像一道复杂的数学题，往往有一步是整个题目的关键环节，解决了这个环节，成功的难题也就迎刃而解。而如何跨越这一步便是人生智慧之所在。人生要想不平庸，就要在这关键的一步上倾注更多的勇气和汗水。

热播电视剧《士兵突击》中有一句台词“不抛弃，不放弃”，说的是战友之间的感情和责任，其实对于每个人而言，“不抛弃，不放弃”的信念都是至关重要的。

不抛弃，不放弃，是在任何艰难时刻都不动摇的毅力；是在陷入无尽的黑暗与绝望时赐予你力量的源泉。

美国“联合保险公司”的董事长、被称为“保险业怪才”的克里蒙·史东幼年丧父，靠母亲替人缝衣服维持生活。为补贴家用，他很小就出去叫卖报纸了。有一次他走进一家饭馆叫卖报纸，被赶了出来。他乘餐馆老板不备，又溜了进去卖报。气恼的餐馆老板一脚把他踢了出去，可是史东只是揉了揉屁股，手里拿着更多的报纸，又一次溜进餐馆。那些客人见他这样的执着和坚定，终于劝主人不要再撵他，并纷纷买他的报纸看。史东的屁股被踢痛了，但他的口袋里却装满了钱。

正是凭借着这种永不放弃的精神，最后克里蒙·史东成为了美国保险业的巨子。

亚州音乐天王周杰伦同样经历了无数的磨难。在他3岁的时候，就表现出惊人的音乐天赋。母亲拿出多年的积蓄为他买了架钢琴，教他弹得一手好钢琴。在读高中的时候，他就成了学校的“知名人物”，也就是从那时起，他确立了自己的音乐梦想。

高中毕业后，他在一家餐厅里当服务生。虽然打工的生活很艰

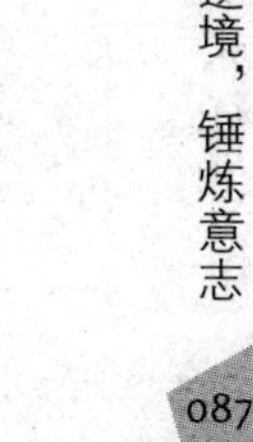

辛，但他一刻也没有忘记自己的音乐梦想。后来，餐厅配备了钢琴。但一连换了几位琴师，老板都不满意。出于对音乐的爱好，他瞅着一个没人的时机，忍不住上去弹了一曲。老板发现他的琴声正合自己的口味。于是，他当上了餐厅的钢琴师。

经人介绍，他获得了一个演出伴奏的机会。但他的伴奏音乐与歌手的歌声很不和谐，舞台下嘘声四起。那一次他彻底演砸了。他伤心至极，但并没有灰心丧气。

不久，那家请他去伴奏的公司的老板发现他很有音乐天赋，请他去专职写歌。他上任后，却发现自己的职务是"音乐制作助理"。这是一个除了写歌，什么杂事都得做的工作。但他二话没说就留了下来，因为跟餐厅相比，这里至少有音乐的环境。

过了一段时间，老板终于给他配了办公室。总算找到了可以放飞梦想的舞台，他压抑已久的创作欲望喷薄而出，创作出大量的歌曲。然而这些歌曲，老板一首也没有看上。在老板看来，他写的曲子怪怪的，不讨人喜欢。巨大的失落感笼罩着他，有一瞬间他想到了放弃。但很快，他就把这个念头否定了，因为如果现在放弃，就等于放弃了自己多年的梦想。

他继续坚持自己的创作。但是，公司一连几次向明星推荐他的作品都被对方拒绝了。一次次的失败，把他打入了痛苦的深渊，但他始终不肯放弃自己的音乐梦想。终于有一天，老板把他叫来，对他说："如果你能在10天内写出50首歌，我就从中挑出10首，为你出唱片专辑。"

于是，他一头钻进创作室，任由激情迸发，一首接一首地创作。饿了就泡方便面，困了就倒头睡一会儿。近乎疯狂的10天过去了，他竟然真的创作出了50首新作品！

半年之后，他的第一张专辑一经上市就被歌迷抢购一空。从此，他一发而不可收，最终红透了两岸三地，成为新一代的青少年偶像。

其实，每个人都应该有这种不抛弃、不放弃的精神和信念，否则人生就不会有所作为，生命也难以展现出它本来的意义。如果太阳抛弃了转动，那么这必将是它毁灭的时刻；如果表盘上的指针放弃工作，那么这也将是它失去价值之时；人生唯有不抛弃不放弃，才能有所作为。

困难面前，永不放弃，坚定如初，便能创造人生的奇迹。

第四章

顽强的意志，忠诚的伴侣

意志力有动态和静态之分。一方面，它是引导人类行动的力量；而另一方面，它又是人们在这些行动中的行为。因此，当一个人能够在某一事件或一连串事件中表现出极大的决心、恒心、信心时，就会被认为拥有很强的意志力（静态的）；而他意志力的特性，需要通过他的决心或行动的力度和持久性体现出来。这样，在这一过程中所展现出来的意志力就变为了动态的意志力。

忍耐，成就霸业

忍耐的意义不仅仅是忍辱负重，以待东山再起。而且由于忍耐，意志得到了磨练；由于忍耐，意志才得以刚强，所以雅各才说：“信心经过试验就生忍耐”。忍耐其实就是一个人惊人意志力的表现。忍耐是痛苦的，这种痛苦有时候是肉体和物质的痛苦，有时候是精神的痛苦。但是，不管是哪一种痛苦，对于人的意志都是一种严峻的考验。所以，有人说过，忍耐就是一种能耐。

人生需要忍耐。凡成大事者，必能忍常人所不能忍，如越王勾践，他为了能报仇雪恨，竟然肯做夫差的马夫，卧薪尝胆，终成大事。

《金刚经》里面记载了这么一个故事：过去，有一位国王带领许多妃嫔、宫女到郊外游戏打猎。途中，国王追逐野兔走远了，妃嫔们于是在树林中等候。

妃嫔们在林中看到一位修道者，于是向他请教。国王回来之后，责备她们与陌生人说话。

“我不过是指导她们学习忍辱的精神而已。”修道人安详地回答。

“哈哈！你自命为忍辱的人吗？我倒要试试你的忍辱修养。”说着，他挥剑将修道者的手臂斩断。

“现在，你该愤恨了吧！”国王得意地说着。

修道者虽然痛苦，仍然和缓地看着他，回答：“我不愤恨，怀恨只有冤冤相报。将来我成道后，一定要来度化你。”

容忍，宽恕在他的神态中表露无遗。国王感动极了，跪在地上，深深忏悔。

修道者以德报怨的精神，充分展现了忍辱的修养。这位修道者，正是释迦牟尼佛的前生。

能忍人所不能忍，方才能为人所不能为。释迦牟尼正是凭借着自己顽强的意志，忍人所不能忍，最终才修成正果，成为佛祖。

要想辉煌，必然先要忍受平庸；要想成功，必然需要忍受苦难。成功的路上，苦难是最重要的一课，而忍耐便是度过苦难、达到成功的最重要的方法之一。

毕业后，一位年轻人被分配到一个海上油田钻井队工作。工作的第一天，领班要求他在限定的时间内登上几十米高的钻井架，把一个包装好的漂亮盒子拿给在井架顶层的主管。年轻人抱着盒子，快步登上狭窄的、通往井架顶层的舷梯，当他气喘吁吁、满头大汗地登上顶层，把盒子交给主管时，主管只在盒子上面签下自己的名字，又让他送回去。于是，他又快步走下舷梯，把盒子交给领班，而领班也是同样在盒子上面签下自己的名字，让他再次送给主管。

年轻人犹豫了片刻，又转身登上舷梯。当他第二次登上井架的顶层时，已经浑身是汗，两条腿抖得厉害。主管和上次一样，只是在盒子上签下名字，又让他把盒子送下去。年轻人擦了擦脸上的汗水，转身走下舷梯，把盒子送下来，可是，领班还是在签完字以后让他再送上去。

年轻人开始感到愤怒了。他尽力忍着不发作，抱起盒子，步履艰难地往上爬。当他上到顶层时，浑身上下都被汗水浸透了。他第三次把盒子递给主管，主管看着他慢条斯理地说："把盒子打开。"

年轻人打开盒子，里面是两个玻璃罐：一罐是咖啡，另一罐是咖啡伴侣。年轻人终于无法克制心头的怒火，把愤怒的目光射向主管。主管又对他说："把咖啡冲上。"此时，年轻人再也忍不住了，"啪"地一声把盒子扔在地上，吼道："我不干了。"

这时，主管直视他说："你可以走了。不过，看在你上来三次的份上我可以告诉你，刚才让你做的这些叫做'承受极限训练'。因为我们在海上作业，随时会遇到危险，这就要求队员们有极强的承受力，承受各种危险的考验，只有这样才能成功地完成海上作业任务。很可惜，前面三次你都通过了，只差这最后的一点，你没有喝到你冲的甜咖啡，现在，你可以走了。"

忍耐是强大意志力的表现，而这个年轻人所欠缺的正是这种强大的意志力。

能忍的人，才能干成大事。据说清朝曾国藩对人有三种不同的评价，他说："第一等人有本事，却没脾气；第二等人本事有，可脾气也有；第三等人本事不大，脾气却不小。"第一种人前面所有的本事是指他各方面的能力，而所谓的没脾气则是指他的忍耐力。只有能忍辱负重，具有顽强的意志的人才是第一等人，才是最终能够获得成功的人。

人自从生下来那天起，要经受过痛苦、悲伤、难过、泪水，才知道什么是幸福、快乐。无论别人说什么，你都得走你的路；无论别人说什么，做什么，你都得昂首阔步向前走。因为我们问心无愧，因为我们每一次的忍辱负重都是下一次快乐与幸福的开始。

有一位企业家，掌管着一个拥有数千万元资产和数千名科研人员及员工的现代化民营企业。在别人看来，他当然是一个成功的人。当别人问他成功的秘诀时，他是这样回答的："你们看到的是我今天的阔气、潇洒和风光，你们可知道我曾经的落魄、寒碜和屈辱吗？很长一段时间，我身上一分钱都没有，几个夜晚是在深圳大剧院的台阶上度过的，将近一年是给人家当男佣、夜里与人家的宠物狗睡在一起度过的……那日子何等屈辱啊！我含羞忍辱，一忍再忍，屈辱地站着，坚强地活着，才终于有了今天的成就。"

"屈辱地站着"——无论多艰难，多困苦，多屈辱，都要站着。钻裤裆是奇耻大辱，但韩信如果不钻，只有两个结果：一是他被那屠夫杀掉，从此没有了韩信。二是他把屠夫杀掉，他赢得了暂时的胜利，但从此也没有了韩信，因为他杀人了，杀人者偿命，他会被法律杀掉。任何一个结果，历史的伟业簿上都不会有韩信的位置。韩信之所以能作为成大业的形象在中国历史上千古流传，就因为他在忍辱负重时眼睛是看着未来的，心中有着远大的目标。

"坚强地活着"——活着就要坚强，就要勇敢地面对人生的各种屈辱和苦难。不要忘记人终将一死，意识到生命无常，虽然是一件令人伤感的事，但也并非没有益处，至少可以帮助我们减轻对于死亡的恐惧。活着也许会不开心，但绝不会死心；也许会失望，但不会绝望；也许会有所放弃，但绝不会自暴自弃。

对于成大事者来说，忍辱负重是必备的基本素质。能在各种困境中忍受屈辱是一种能力，而能在忍受屈辱中负重拼搏更是一种本领。小不忍则乱大谋，凡成就大业者莫不如此。

三国时期，诸葛亮六出祁山时驻扎五丈原，司马懿深知自己的韬

略不如诸葛亮，便采取拖延战术久不出兵。诸葛亮派人向司马懿送去一套女人服装，并递信说：“你如果不敢出战，便应恭敬地跪拜接受投降；如果你羞耻之心还没有泯灭，还有点男子气概，便立即批回，定期作战。”但司马懿却坚守不战。不久诸葛亮因积劳成疾而死，司马懿没伤一兵一将，不战而胜。难怪古人说：“必须能忍受别人不能忍受的触犯和忤逆，才能成就别人难及的事业功名。”勾践、司马懿两人之襟怀真可谓宽广之极。

忍辱负重则是一种境界。忍，乃是心头一把锋利的刀，要培养刀捅心头而不惊的气度，后人尊称“太史公”的司马迁如果不能忍受宫刑之侮，又怎能完成“究天人之际，通古今之变，成一家之言”的伟大著作《史记》而流芳千古，成为人人敬仰的史学家呢？

谚语云：“万事皆因忙中错，好人半自苦中来。”要成就一件事情，须观察时机，等待因缘。受苦忍耐是一种承担、一种处理、一种等候，也是对因缘法的认识。许多事业有成者都在忍耐多次失败后，愈挫愈勇，最后取得成功。因此与其幻想一夕有成，不如在艰难困苦当中忍耐、涵养，一旦时机成熟，必然水到渠成。

学会“有目的的意志”

人的意志活动总具有明确的目的。所谓明确的目的，就是能清晰地意识。

目的性是人所独有的。由于具有目的性，意志既可以推动人去从事达到目的所必需的行动，也可以制止与目的相矛盾的愿望和行动。比如，一个人已经确定利用业余时间复习功课的目的，这就使他在这一段时间内专心致志地学习，同时又要克制自己不受无关的诱惑干扰，不去从事无关的活动。

目的性是意志的鲜明特征。在实际生活中，人的意志在实践的基础上把需要、愿望、梦想、动机、兴趣、情感等的内容综合为“目的”。目的总是指向一定的客体，并以一定的客观现实为依据。但直接的客观现实无法满足主体的需要，主体所提出的目的不论是何种性质、何种类型，都表现为要建立一种或实现一种客观世界中当下还没有的东西。目的表明人对客观世界的不满足，在它当中鲜明地体现着主观与客观、理想与现实的矛盾。目的是人的意识对客体的超前改造，是主体把自己的内在尺度运用于客体，对客体自在形式的一种批判性、否定性的

反映。人的意志不仅确定活动的目的，而且使之向一定持续性的行动转化。意志还能通过调节内在精神活动，使之为达到既定目的服务，支配行动以使之符合目的的要求。

迈克尔·戴尔是美国第四大个人电脑生产商。他29岁便成为富豪，但既不是靠继承遗产，也不是靠中彩，而是坚持梦想的结果。

迈克尔是在得克萨斯州的休斯敦市长大的，有一兄一弟，父亲亚历山大是一位畸齿矫正医生，母亲罗兰是证券经纪人。迈克尔在少年时期就勤奋好学。10岁就开始了赚钱生涯——在集邮杂志上刊登广告，出售邮票。后来，他用赚来的2000美元买了一台个人电脑。然后，他把电脑拆开，仔细研究它的构造及运作并多次安装成功。

迈克尔读高中时，找到了一份为报商征集新订户的工作。他推想新婚的人最有可能成为订户，于是雇朋友为他抄录新近结婚夫妇的姓名和地址。他将这些资料输入电脑，然后向每一对新婚夫妻发出一封有私人签名的信，允诺赠阅报纸两星期。这次他赚了18万美元，买了一辆德国宝马牌汽车。汽车推销员看到这个17岁的年轻人竟然用现金付账，惊愕得瞠目结舌。

大学期间，迈克尔·戴尔经常听到同学们谈论想买电脑，但由于售价太高，许多人买不起。戴尔心想：“经销商的经营成本并不高，为什么要让他们赚那么丰厚的利润呢？为什么不由制造商直接卖给用户呢？”戴尔知道，万国商用机器公司规定，经销商每月必须提取一定数额的个人电脑，而多数经销商都无法把货全部卖掉。他也知道，如果存货积压太多，经销商的损失将很大。于是，他按成本价购得经销商的存货，然后在宿舍里加装配件，改进电脑的性能。这些经过改良的电脑十分受欢迎。戴尔见到市场的需求巨大，于是在当地刊登广告，以零售价的八五折推出他那些改装过的电脑。不久，许多商业机构、医生诊所和律师事务所都成了他的顾客。

由于戴尔一边上学一边创业，父母一直担心他的学习成绩会受到影响。父亲劝他说："如果你想创业，等你获得学位之后再说吧。"戴尔当时答应了，可是一回到奥斯汀，他就觉得如果听父亲的话，就是在放弃一个一生难遇的机会。"我认为我绝不能错过这个机会。"于是他又开始销售电脑，每月能赚5万多美元。戴尔坦白地告诉父母："我决定退学，自己开公司。""你的梦想到底是什么？"父亲问道。"和万国商用机器公司竞争。"戴尔说。和万国商用机器公司竞争？他父母大吃一惊，觉得他太自不量力了。但无论他们怎样劝说，戴尔始终不放弃自己的梦想。终于，他们达成了协议：他可以在暑假期间试办一家电脑公司，如果办得不成功，到9月就要回学校去读书。

得到父母的允许后，戴尔拿出全部积蓄创办了戴尔电脑公司，当时他19岁。他以每月续约一次的方式租了一个只有一间房的办事处，雇用了一名28岁的经理，负责处理财务和行政工作。在广告方面，他在一只空盒子底儿上画了戴尔电脑公司第一张广告的草图。朋友按草图重绘后拿到报馆去刊登。戴尔仍然专门直销经过改装的万国商用机器公司的个人电脑。第一个月营业额便达到18万美元，第二个月26. 5万美元，一年间，平均每月售出个人电脑1000台。积极推行直销、按客户要求装配电脑、提供退货还钱以及对失灵电脑"保证翌日登门修理"的服务举措，为戴尔公司赢得了广阔的市场。大学毕业的时候，迈克尔·戴尔的公司每年营业额已达7000万美元。以后，戴尔停止出售改装电脑，转为自行设计、生产和销售自己的电脑。

如今，戴尔电脑公司在全球16个国家设有附属公司，每年收入超过

数十亿美元，有雇员约5500名。戴尔个人的财产，估计在2. 5亿到3亿美元之间。

假如戴尔不是从一开始就对自己的行为有明确的目的性，并坚持不懈地付出努力，显然他是不可能成为当今世界最年轻的富豪的。

马克思指出，“专属于人的劳动”一个重要特征就是具有“有目的的意志”。在人们的活动中，目的的提出，首先意味着人们对自身需要有了明确的意识，同时意味着人们对客观事物及其规律有了一定的认识。目的具有一定的主观性，但这并不意味着人在实践之前就不能提出相对合理的实践目的。这是因为，人的任何一次具体实践都以过去实践的经验为前提，人的需要是在过去改造世界的基础上形成的，同时，在这一过程中，人们也积累了关于某类客观对象的本质和规律的知识。

由此可知，意志与知识、思想联系密切，并总是受它们的影响，无论是知识、思想，还是意志，其产生的社会基础都是社会实践。作为人的价值关系和需要的现实形式，意志并非一种主观随意的东西。特别是，目的本身是否具有现实性、可实现性，意志是否真正把握了目的并能保证其实现，目的和意志本身都无法做出解答，这必须依赖社会实践。

在实践过程中，任何“有目的的意志”都必然受到来自客观世界和主体需要等多方面的检验、调节和制约，它们不可能是绝对自由、毫无约束的。人意志自由的限度最终是由人类实践的内在矛盾和发展水平决定的。

坚持不懈，迎来新生

坚持的力量真的是不容小觑，正如柴可夫斯基所说：“每当看见远方的希望之光，就会遭遇命运之锤的反复打击，只要你坚强不屈，坚持到底，就一定会彻底战胜困境。”

这就是坚持的作用，就算希望渺茫也能悠闲期望；就算风浪迭起也能安稳沉着，坚持，才能活得精彩。

每个人在一生的奔波中，都不可避免地要遭遇困难和险阻，每个人的职场生涯也会布满荆棘、历经坎坷。这时候，超强意志力的坚持，往往就非常重要，只要坚持，就会穿越黑暗、迈过荆棘，就会在艰难中重生。

因此，一定要谨记：在坚持面前，任何困厄都将是短暂的过程。

人的智力水平都差不多，成功与否主要取决于人们的努力程度和有没有“坚持下去”的精神。

曾经有三个分别叫做玛丽、玛格达和多萝西的美国妇女共同创办了妇女服装生产公司，创业经费是她们辛苦凑来的，一共2000美元，创业初期的艰难是可想而知的。而在几年之后，这家公司的年产值达到了

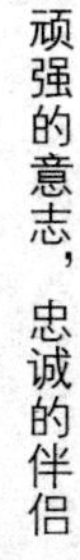

250万美元。很多人都向她们讨教成功的秘诀，她们每次提到的第一点就是坚持不懈。是的，坚持不懈！

同样，郎力士也是由一个穷书生经过坚持不懈的奋斗跻身于美国百万富翁行列的。

赫赫有名的郎力士曾经是美国佛罗里达州一个中学的普通化学教师，他出身贫寒，为了维持生计，他利用暑假时间去海滨浴场当救生员。然而，他并不喜欢这样的生活状态，他总是在思考怎样才能改变自己目前的生活处境。

职业所获得的经验使他非常清楚，目前市场上正在流行的一种由化学物质合成的太阳油并不具有很好的效果。在暑假的一天，他又像往常一样来到海滨浴场当救生员。他从望塔上观察着那些白晃晃、油亮亮的皮肤，忽然灵感一现：为什么不发明一种有名的太阳油呢？它的市场潜力一定是巨大的。

于是，郎力士决定要研究一种具有更好效果的太阳油，由于缺乏资金，他不得不向父亲借了500美元，买来瓶子、罐子、油剂等一系列试验必需品，开始了自己伟大的事业。

当然，他并没有因此而辞职，只是利用休息和晚上的时间刻苦钻研。终于功夫不负有心人，两年的不懈努力之后，他获得了成功，发明了一种人们所需要的理想太阳油——纯天然椰子太阳油。然而，虽然新产品已经发明出来了，但那时他并没有多余的资金去做广告。于是，他先是让一些救生员试用，看看效果如何，在得到满意的答案之后，郎力士开始充满信心地向零售商宣传他的产品。一段时间之后，这种产品逐渐获得了人们的青睐，“夏威夷热浪太阳油”的名字也就闻名于世了。

此后，郎力士辞去教师的工作，告别了那可爱的海滨浴场，全力

以赴地从事太阳油的业务。他创建的夏威夷太阳油公司的规模迅速扩大，由原来的只有三个小孩的寒酸小店一跃成为拥有两千多名职员的跨国公司，年营业额高达1.5亿美元。郎力士也一反往日贫困窘迫之态，自己购买了一幢价值300万美元的海滨别墅。

在荷兰，有一个初中毕业的青年农民，来到一个小镇，找到了一份替政府看门的工作。他在这个门卫的岗位上一直工作了60多年，一生都没有离开过这个小镇，也没有再换过工作。

由于工作清闲，所以他有很多业余时间。在没有事的时候，他并不是吃喝玩乐，而是培养了一个业余爱好——打磨镜片。打磨镜片是一件既费时又费工的事情，但他并没有因此而放弃，一磨就是60年。在打磨镜片的时候，他无比专注和细致，从技术上看甚至已经超过了专业人员。他磨出的复合镜片，其放大倍数比那些专业技工还要高。依靠他研磨的镜片，他又发现了当时科技界尚未知晓的微生物世界。他也因此而蜚声国内外。虽然他只有初中文化，但仍然被授予了巴黎科学院院士的头衔，甚至连英国女王都到小镇亲自拜会过他，这简直是一个奇迹！

而创造奇迹的这个人，就是科学史上声名显赫的荷兰科学家万·列文虎克。他的父亲在每餐祈祷时都会说："慈爱的主，谢谢你，我今年没有损失，你把我的种子都还给我了。"在那个时候，大部分农民都不像他父亲那么有信心，越来越多的农场都挂起了"出售"的牌子。他父亲当时请求银行给予帮助，银行信任他，而且帮助了他。

罗伯特还记得童年时穿着补缀的大衣跟父亲去爱阿华银行，他记得银行的日历上有这样一句格言："伟人就是具有无比决心的普通人。"他觉得父亲就是这种人。

在一个六月的下午，龙卷风侵袭了罗伯特的家。最初他们只听到一阵令人恐惧的怒吼，接着风暴渐渐地由远而近。这时天上出现一堆黑云，有如灰色长漏斗一般向地面延伸。它在半空中徘徊了一会儿，又像一条蛇一样随时准备袭击。父亲开始对母亲大喊："是龙卷风，珍妮！我们得赶快离开这里！"顷刻功夫，他们已经惊慌失措地开车上路了。在向南行驶了三千米之后，他们停在了较为安全的地方，观察着可怕的风暴如何疯狂肆虐……当他们再次回家时，才发现一切都消失不见了，半小时前还在那里矗立的九幢房屋，现在一幢也没有了，只剩下地基。父亲坐在车里目瞪口呆。此时，罗伯特看到父亲满头白发，身体由于艰辛劳作而显得瘦弱不堪。突然间，父亲的双手猛拍在驾驶盘上，他哭了："一切都完了！珍妮，多年的心血在几分钟内全完了！"

但是，他父亲不肯服输。两星期后，他们在附近小镇上找到一幢正在拆卸的房子，他们花了50美元买下其中一截，然后一块块地把它拆下来。就是用这些零碎东西，他们在旧地基上建了一幢很小的新房子。以后几年，又建筑了一幢幢房屋。结果，他父亲在有生之年，看到了他的农场经营得非常成功。

讲完了自己的故事，罗伯特告诉听众："苦难不会持久，强者却可长存！"听众顿时报以热烈掌声。那些已经失去希望以及曾与沮丧情绪搏斗的人，重新获得了希望。他们有了新的憧憬，再度开始梦想未来。

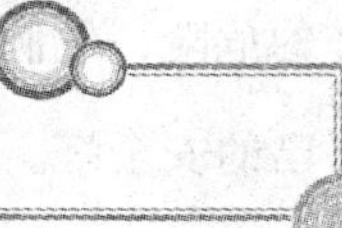

破釜沉舟的决心

如说“有志者事竟成”，意即下定决心去做好某一件事，就一定能取得成功。下定决心不是轻而易举的，它往往要经过一系列复杂的心理活动：认清客观条件，展开动机冲突分析，积极进行思考。只有明确情况，决心才会大；盲目下定的决心，即使决心再大，也是无济于事的。下定决心主要表现在两个方面，一是确定行动的目的。每一个意志行动都有其最终的目的，而这个最终目的并非是一下子就能定下的，它往往需要人们反复衡量、多次比较，然后才能以决心—决定的形式确定下来。

坚定的决心是一种力量，坚定的决心是你战胜困难所必需的。拥有了坚定的信念与决心，就能赢得别人全部的信任，就能处处获得别人的帮助。而那种做事三心二意、没有干劲和毅力的人，就没有人愿意信任他或支持他，因为大家都知道他做事不可靠，随时都会面临失败。

坚韧的人从不会停下来想想他到底能不能成功。他唯一要考虑的问题就是如何前进，如何走得更远，如何接近目标。无论途中有高山、有河流，还是有沼泽，他都会去攀登、去穿越。而所有其他方面的考

虑，都是为了实现这个终极目标。

为了发明矿工用的安全灯，乔治·斯蒂芬森以巨大的勇气来进行实验。他下决心要对安全灯进行全面的实验和检测，为此，他亲自到矿井中去，这使他的朋友们大为惊讶和不安。当斯蒂芬森问矿工们，哪里是最危险的坑道时，别人告诉他有一条坑道充满了瓦斯，随时有爆炸的危险，他们劝他赶紧回去。可他却义无反顾，立马到那里去检验自己的安全灯。而其他人看到这一情景，竟然不约而同地后退到安全距离以外。

斯蒂芬森慢慢地向前走去，也许前面就是死亡，或者失败，但在斯蒂芬森看来，失败比死亡更糟。而斯蒂芬森那勇敢的心没有为之胆怯，他的手并没有因此而颤抖。到了最危险地段，他在瓦斯汹涌的坑道里持着自己的安全灯，静静地等待结果发生。一开始灯的火焰突然亮了一下，然后就开始明明灭灭地闪烁——火焰暗下去了——最后熄灭了。在这种可怕的气体中，斯蒂芬森的灯并没有产生任何容易引起爆炸的迹象。没有爆炸！显然，斯蒂芬森发明了一种可以在矿坑里使用的安全照明灯，这种灯不会导致可燃气体发生爆炸，他为成千上万的矿工们的安全做出了巨大贡献。

这就是最初的“实用的煤矿照明安全灯”的由来。

一旦下了决心，不留后路，竭尽全力，向前进取，那么即使遇到千万困难，也不会退缩。如果抱着不达目的绝不罢休的决心，就会不怕牺牲，排除万难，去争取胜利，把犹豫、胆怯等妖魔全部赶走。在坚定的决心下，成功之敌必无藏身之地。

一个人有了决心，方能克服种种艰难，获得胜利，这样才能得到人们的敬仰。所以，有决心的人，必定是最终的胜利者。只有决心，才能增强信心，才能充分发挥才智，从而在事业上做出伟大的成就。

如果你认真地考察过自己，对自己的体格、学问、专长、才能和志趣有一个深刻的把握，同时你也已经找到“性之相近、力之所能”的职业了，就不要再彷徨犹豫，更不要费尽心机去找比手头的工作更好的职业，而是应该立即坚定意志，集中精力于工作之上，全力以赴。唯有坚定的决心，才能引导你迈向成功。

如果你真的认为目前的工作是找错了，并且确信，如果换别的工作一定会比目前的处境更好，那么这时你就应该当机立断，马上辞去现在的工作。

许多人最终没有成功，不是因为他们能力不够、诚心不足或者是没有对成功的渴望，而是因为缺乏足够坚定的决心。这种人做事的时候往往虎头蛇尾、有始无终、东拼西凑、草草了事。他们总是怀疑自己目前所做的事情能否成功，永远都在考虑到底要做哪一种事，即使他们认定某种职业绝对有成功的把握，但做到一半他们又觉得还是另一个职业比较妥当。这种人最终还是难免以失败作为结局。对于这种人所做的事情，别人肯定无从信任，就是连他自己也常常毫无把握。

一个人有了铁一般的决心，无形中就能给他人一种信用的保证，暗示着他做事一定会负责，不远处就有成功的希望。举例来说，一位建筑师设计好图纸后，如能完全依照图样，一步一步去施工，一座理想的大厦不久就会拔地而起。倘若这位建筑师一面施工，一面不停地改动那图纸，东改一下，西动一下，试想这所大厦还能盖成吗？所以说，做任何事情，下决心时固然应该考虑周详，但主意打定后，就千万不能有所动摇了，而应该按照拟定的计划，踏踏实实去做，一步一个脚印，不达目的誓不罢休。

成功者绝不可能是遇事迟疑不决、优柔寡断的人。成功者的特征是：绝不因任何困难而沮丧，咬定青山不放松，认定目标勇往直前。

通常，人们最信任的人就是那些拥有坚定决心的人。他们也会遇到困难，碰到障碍和挫折，但即使失败，也不会败得一塌糊涂、败得一蹶不振。

只要有坚定的决心，即使才能平平的人也会有成功的一天；否则，即使是一个才识超群、能力非凡的人，也将遭受失败的命运。

一家全球闻名的保险公司总经理说过，在工作中，他所遇到的最大难题就是选择可靠的工作人员。因为每次招聘经过严格的考试后，难得有一两位候选人是合格的。

他的考试很特殊，目的在于测试应试者是不是一个有坚定的信念与决心的人。在面试中，他用种种消极的话语来测试应试者的信念与决心，告诉他们保险业的重重危机和实际工作中的巨大阻力，以此来试探他们。

很多人听了他的话之后，也就认为前途一片暗淡，因而打消了要去保险公司工作的信念。而只有极少数人在听了这位总经理对前景的种种惨淡描述后，仍然不为所动，决心依旧。同时，言谈举止之中能够做到处处谨慎大方，并能显出忠诚可靠、富有勇气的个性，这样的人才是这家大保险公司所需要的。

坚定的决心，这是公司对所有合格的应试者要求的条件，如果没有这些特征，无论才识如何渊博，都无法得到公司的认同。

坚持不懈、顽强拼搏的意志力是获得成功的重要保证，而坚定的信念和决心则是意志力的首要因素。库伊雷博士说过："许多青年人的失败都可以归咎于缺乏信念与决心。"是的，很多年轻人都很有才华，具有很强的工作能力，但在他们身上存在一个很大的弱点就是缺乏信念、不能坚持，因此，在他们的一生中都只能是平平庸庸、安安稳稳。因为这个致命的弱点，即使遇到非常小的困难与阻力，也会畏缩不前，这样的人是不可能成功的。假如你想要获得成功，就必须要有坚持下去、勇往直前的决心和勇气，让你周围的人也都相信：一件事到了你的手里，就一定会做成。而这首先需要你自己对做这件事拥有坚定的决心。

一旦你树立了坚定的决心，无论在哪里，你都能找到一个适合你的好职位。与之相反，如果你自己都看不起自己，只知糊里糊涂地生活，一味依赖别人，那么你迟早有一天会被人踢到一边。

决心称得上是世间最有价值的美德，只要凭着坚定的决心，一个人的力量就能发挥得淋漓尽致。

永不言败的信心

坚强的自信，常常使一些平常人也能够成就神奇的事业，敢于成就那些天分高、能力强但多虑、胆小、没有自信心的人所不敢尝试的事业。

一个人的成就大小往往与他的自信心大小有密切关系。我们设想一下，拿破仑如果缺乏自信，他的军队也不可能会越过阿尔卑斯山。因

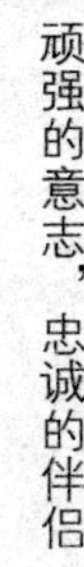

此，如果你是一个没有自信心的人，那么你也不会获得很大的成功。如果对成功没有渴望、没有期待，那么就不可能会取得成功，我们也可以说，自信是成功的首要条件。

与金钱、家世等外在条件相比，自信心则是每个人都不可缺少的重要的内在条件。它是人生可靠的资本，可以促使一个人去勇于克服任何艰难险阻，获得胜利的果实。对于一个人的事业而言，它比任何条件都更有用。

我们从一些已经获得成功的人的奋斗史中也可以发现，在他们每个人的创业初期，都有一颗坚强的自信心在帮助他们勇往直前。他们坚强的意志以巨大的力量压制了他们内心的任何怀疑和恐惧，因而也就所向无敌了。

我们应该相信“天生我材必有用”。每个人都有可被挖掘的强大的潜在能力，都有与他人所不同的个性，如果我们不能充分挖掘自己的潜能，发挥自己的个性，不管对于社会来说，还是对于自己来说，都将是一种损失。我们需要有这种意识，要相信自己是有能力的，是无法阻挡的。

当然，人们不是生来就具有强大的自信心的。自信心是从日积月累的经验中获得的，也就是说，它来自经验和成功，又反过来推动了更大的成功。

由于自信并不是天生的，因此，它既可以自我培养，也可以从家庭的灌输中获得。有些人会有这样的想法，往往是已经获得成功的人自信心较强。而实际上，事实并非如此。没有一个成功者不曾有过恐惧和忧虑，只是他们在恐惧和忧虑时总会用自己强大的意志力和信心去克服。大多数成功者都知道怎样才能克服恐惧、担忧，他们使用的第一个方法往往就是唤起内心的自信。

然而，成功者也不是每次都能打败恐惧和忧虑，关键是他们在失败时能够重拾自信。一个阶段成功之后，才能想象下一个阶段。自信心就在日积月累中成为你性格的一部分。

19世纪的英国诗人济慈，自幼失去父母，家庭生活非常贫苦，而且还经常受到文艺批评家的打击。他恋爱失败，身患重病，在26岁时就去世了。尽管在济慈的一生中似乎都没有得到过幸运女神的眷顾，但是他从来没有向困难低过头。他在少年时代读到斯宾塞的《仙后》之后，就肯定自己也注定要成为诗人。一次他说："我想，我死后可以跻身于英国诗人之列。"济慈一生致力于这个最大的目标，最终成为一位永垂不朽的诗人。

相信自己能够成功，成功的可能性就会大为增加。如果自己心里认定会失败，就很难获得成功。没有自信，没有目标，你就会俯仰由人，终将默默无闻。

从古至今，人们出于创造更美好的生活的目的，对人的信心抱着崇高的期望。自信心的力量是巨大的，是追求成功者的有力武器。信心是成功的秘诀。拿破仑·希尔说："我成功，因为我志在战斗。"

不论一个人的天资如何、能力怎样，他事业上的成就总不会超过其自信所能达到的高度。如果拿破仑在率领军队越过阿尔卑斯山的时候，只是坐着说："我们是很难翻过这座山的。"无疑，拿破仑的军队永远不会越过那座高山。所以，无论做什么事，坚定不移的自信心都是通往成功之门的金钥匙。

经常在美国NBA联赛中出场的有支夏洛特黄蜂队，黄蜂队有一位身高仅1. 60米的球员，他就是蒂尼·博格斯——NBA最矮的球星。博格斯

这么矮，怎么能在巨人如林的篮球场上竞技，并且跻身大名鼎鼎的NBA球星之列呢？这是因为博格斯的自信。

博格斯从小就喜爱篮球，可因长得矮小，伙伴们都瞧不起他。有一天，他很伤心地问妈妈："妈妈，我还能长高吗？"妈妈鼓励他："孩子，你能长高，长得很高很高，会成为人人都知道的大球星。"从此，长高的梦像天上的云一样在他心里飘动着，每时每刻都闪烁希望的火花。

"业余球星"的生活即将结束了，博格斯面临着更严峻的考验——1.60米的身高能打好职业赛吗？

蒂尼·博格斯横下一条心，要靠1.60米的身高闯天下。"别人说我矮，这反而成了我的动力，我偏要证明矮个子也能做大事情。"在威克·福莱斯特大学和华盛顿子弹队的赛场上，人们看到蒂尼·博格斯简直就是个"地滚虎"，从下方来的球90%都被他收走，他是个儿矮，但他可以飞速地低运球过人……

后来，蒂尼·博格斯进入了夏洛特黄蜂队（当时名列NBA第3名），在他的一份技术分析表上写着：投篮命中率50%，罚球命中率90%……

一份杂志专门为他撰文，说他个人技术好，发挥了矮个子重心低的特长，成为一名使对手害怕的断球能手。"夏洛特的成功在于博格斯的矮"，不知是谁喊出了这样的口号，许多人都赞同这一说法，许多广告商也推出了"矮球星"的照片，上面是博格斯淳朴的微笑。

他曾多次被评为该队的最佳球员。

博格斯至今还记得当年他妈妈鼓励他的话，虽然他没有长得很高很高，但可以告慰妈妈的是，他已经成为人人都知道的大明星了。

后来，这位矮星说，他要写一本传记，主要是想告诉人们："要相信自己，只有相信自己才能成功。”

这个故事告诉我们，名人也不是完美的，他们也不是生来就是自信的，他们也有过不自信的时候，但是，他们的成功在于他们不断地磨炼和提升了自己的自信，因此，只有把自信深深扎根于我们心中，我们才能更好地利用自信。

铁杵成针的恒心

我国古代学者非常强调恒心的价值。如荀子云：“锲而舍之，朽木不折；锲而不舍，金石可镂。”在意志过程中，恒心阶段具有更为本质的意义。因为仅有决心和信心，而没有坚持到底的恒心，自然结不出什么果实：决心成了水中之月，信心也成了闪烁流星。恒心的坚持在于，一方面要抵制不符合行动目的的主观因素的干扰，做到面临重重诱惑而不为所动；另一方面要善于长久地维持已经开始的符合目的的行动，做到无论从事什么工作，都有始有终。具有恒心的人，不论前进的道路上如何险阻重重，都不会放弃对目标的执著追求；不论行动的过程如何横生枝节，总是目不旁顾，坚持既定的方向。

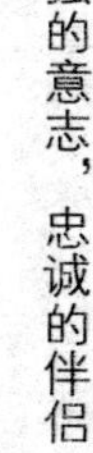

中国流传着这样一个谚语：只要功夫深，铁杵磨成针。这蕴含着一个关于大诗人李白的典故。李白小时候有一段时间放弃了学业，有一

天他看到一位老妇人正认真地磨铁杵，而且竟然要把这个铁杵磨成针！李白感慨万分，重回书房，继续自己的学业，最终成为了一位名垂千古的大诗人。因此，一个人是不可能随随便便就能成功的，只有坚持不懈、努力奋斗，才能真正品尝到喜悦的滋味。

历史上，古今中外有很多具有持之以恒的意志力的名人，如德国大诗人歌德用了60年时间完成了《浮士德》这部巨著。直到去世前，这位可敬的老人还在呕心沥血地坚持写作；富兰克林用了30年的时间正确地解释了电的性质——电荷守恒定律；中国的李时珍耗费了整整27年的时间终完成了医学上的不朽之作——《本草纲目》，完成时已经两鬓白发……

恒心是克服一切困难的钥匙，它可以使人们成就一切事业；它可以使人们在面临大灾祸、大困苦的时候不致覆亡；它可以使人们以铁路、电报等工具，将各洲贯通联络起来；它可以使人们寻见新陆地，获得大胜利；它可以使贫苦的孩子受大学教育，在社会上有所表现；它可以使纤弱的女子担当起持家的重担，使残疾人能够挣钱养活衰老的父母；它可以使人们逢山凿隧道，遇水架大桥。

世界上没有任何东西——知识、金钱、权势及其他一切可以代替恒心。

恒心是一切成大事者的特征。劳苦不足以使他们灰心，困难不足以使他们丧失意志，不管怎样艰难困苦，他们总会坚持忍耐着，因为“坚韧”是他们的天性。他们或许缺乏某种良好的素质，或许有种种弱点、缺陷，然而恒心是成大事者绝不会缺少的涵养。

凡是用恒心当做资本的从业者，他成功的可能，比那些以金钱为资本的人要大得多。人们的成功史，每时每刻都在证明拥有恒心可以使人脱离贫穷，可以使弱者变成强者，变无用为有用。

犹太人的祖先摩西，为了脱离埃及人的压迫，率领犹太人去寻找物产丰富的乐土——巴勒斯坦。经过了41年的沙漠漫游生活，他们终于找到了肥沃的土地——巴勒斯坦，并建立起了犹太人的乐园。

伊斯兰教的创始人穆罕默德，到40岁的时候，才开始创立教派和宣传教义。他宣称自己是神的使者，因此被视为异端，被逐出了麦加城，过着贫穷流亡的生活。但是，他仍然能够忍受一切厄运，努力宣扬自己的宗教，花了20年时间，终于将伊斯兰教传播开来，并使自己成为阿拉伯人的领袖，以统治者的姿态，再次进入了麦加城。

“继续吧！继续吧！没有任何东西可以取代恒心。只凭聪明的人，不能够成功，因为聪明而不能成功的人实在太多了。”发展了麦当劳连锁快餐的韦郭先生，他曾经讲过一些关于恒心的话，他说：“只凭天才的人不能够成功，因为怀才不遇的人在这个世界上也着实不少。教育也不能够取代恒心，在今日的社会中，不是有很多自暴自弃的读书人吗？只有恒心，才是成功的唯一要素。”

当人们竭尽全力却依然面临失败的结局，当其他各种能力都已经束手无策、宣告绝望之时，恒心便悄然来临，帮助人们取得胜利、获得成功。

依靠无坚不摧的恒心而做成的事业是神奇的。当一切力量都已经枯竭了、一切才能宣告失败时，恒心却能依然坚守阵地。依靠恒心，终能克服许多困难，甚至最后做成许多原本已经不抱希望的事情。

在所有人都放弃的时候，只有富有恒心的人才会继续坚持；在所有人都绝望的时候，而只有富有恒心的人才依旧充满希望。因此，具有这种卓越品质的人，最终一定会比一般人有更多的收获。

坚定不移的信念

古今中外，有多少伟人一生都坚持着自己的信念：朱自清饿死不吃美国的救济粮；文天祥死前高唱“留取丹心照汗青”；诸葛亮为实现抱负“鞠躬尽瘁，死而后已”；由此我们可以得出这样一个道理：即使付出生命的代价也要坚持自己的信念。

宋代大文豪苏东坡曾说过这样的话：“古之成大事者，不唯有超世之才，亦有坚忍不拔之志。”这句话说明，坚定的信念是一个人成功的重要心理素质之一，只有坚持不懈、持之以恒，才能克服障碍，才能圆满地实现自己的人生目标。

每一个要克服的障碍，都离不开我们的坚强意志；面对自己要执行的每一个艰难的决定，所依靠的是我们内心的力量。事实上，意志力并非是与生俱来或者不可能改变的特性，而是一种能够培养和发展的技能。

比如：柏克斯顿小时候是一个头脑简单、四肢发达的顽童，他的与众不同之处就在于他坚强的意志力，这种意志力在他幼年时曾表现为喜欢暴力、飞扬跋扈以及固执己见。柏克斯顿自幼丧父，所幸的是他母

亲很有见识，她经常教育儿子磨炼自己的意志。母亲在强迫他改正缺点的同时，对一些可以让他自己去做的事，总是鼓励他自己拿主意。她坚信，如果对儿子加以正确引导，使之形成一个有价值的目标和坚强的意志，那么他就有很大可能成才。当有人谈及她儿子的任性时，她总是淡然地说：“没关系，他现在是固执任性，你会看到这对他会有好处。”在柏克斯顿处于形成正义还是邪恶的人生目标的十字路口时，他幸运地与一个家庭情况良好、品行端正的姑娘结了婚。

他的意志力使他从小就成为一个难以管束的顽童，但后来却使他从事什么工作都不知疲倦，并且精力充沛。当时，身为酿酒工的他不无得意地说：“我可以先酿一个小时的酒，再去做数学题，再去练习射击，而且每件事都能聚精会神地去做。”

后来，他成为一个酿酒公司的经理。作为经理，他事无巨细都一一过问，使公司的生意空前兴隆。即便是在工作非常繁忙的情况下，他仍然每天晚上坚持勤奋自学，研究孟德斯鸠等人关于英国法律的评论。他读书的原则是“看一本书决不半途而废”，“对一本书不能融会贯通、熟练运用，就不能说已经读完”，“研究任何问题都要全身心地投入”。

在刚刚步入社会时，他耳闻目睹了奴隶贸易和奴隶制度的种种黑暗，对此深恶痛绝，便下定决心把解决奴隶问题作为自己最大的人生目标。在进入英国议会后，他更是把在英国的本土及殖民地上彻底实现解放奴隶作为自己的奋斗目标，并矢志不渝地努力奋斗——这项推动历史进程的工作，其艰难可想而知，但柏克斯顿做到了。

事实上，在每一种追求中，不屈不挠的意志都比才能重要。意志是人做事的动力之源，是信念的核心力量。

一个人如果下决心要成为什么样的人，或者下决心要做成什么样

的事，那么信念就是他成功的重要保证。

奥立弗在英语剧坛叱咤风云50年。从凡人到宙斯，从牧师到纳粹党人，各种角色他都能演。但他最大的成就是演出一系列莎士比亚戏剧。在莎翁的世界里，奥立弗几乎只手撑天，无人可与之匹敌。借助舞台与电影表演，他引导现代观众步入莎翁艺术的殿堂。中国观众熟悉的《王子复仇记》是他1948年的杰作，曾获当年奥斯卡金像奖。1954年，他在《理查三世》一片中集制片、导演、主演于一身。该片在电影和电视上同时首映，观众多达2500万人，超过之前莎剧观众人数的总和。

不过，奥立弗的成就并不是一蹴而就的。年轻时，他对莎剧大胆独到的诠释，常被讽刺为哗众取宠。一次，奥立弗饰演《奥赛罗》中的亚古，他采用亚古爱上主人的弗洛伊德式的解释，亲吻奥赛罗的嘴唇——此举令观众大为吃惊。饰演奥赛罗的演员只好无奈地挣脱身体，然后喃喃低语：“好了，好了，别这样。”

不过，别人的讥讽并没有动摇奥立弗的信念，他仍然坚持以自己的理解演绎莎剧。

信念是勇者面对真理的执著精神。当年被烧死在罗马鲜花广场上的布鲁诺，正是用血肉之躯浇灌了黑暗笼罩下不见光彩的科学之花。

信念是善者面对生命时表现出的热爱情感。人的可贵之处是对其他一切都可以怀有爱。李时珍可以说是一位典型的博爱者。他为了写《本草纲目》而踏遍全国，尝尽苦寒，受尽挫折。如果没有对生命充满敬畏和热爱，又怎会有不曾动摇的信念去践行这个理想？坚持自己的信念，冲破一切借口和困难，便会创造出一个美好的充满传奇色彩的人生。

长久以来，人们一直认为四分钟跑完一英里（约1609米）是件不可能的事。但是，在1954年，罗杰·班纳斯特就打破了这个思维障碍。他之所以能创造这项佳绩，一是得益于体能上的苦练，二是归功于精神上的突破。在此之前，他曾在脑海里多次模拟四分钟跑完一英里的情景，长久下来便形成极为强烈的信念，因而对神经系统有如下了一道绝对命令——必须完成这项使命。他果然做到了大家都认为不可能的事。谁也没想到，在班纳斯特打破这项纪录后的两年里，竟然有近400人也做到了这一点。他们成功的原因是什么？就是信念和信心。

当然，信念也可能是破坏力——消极的信念往往会起负面作用。人类对于生活中的遭遇会很主观地赋予某种意义，积极的信念可使人重拾破碎的心，继续往前迈进；而消极的信念很可能就此便毁掉人的一生。

哈佛大学的亨利·毕其尔博士研究了信念对身体的影响。他把100个医学院的学生平均分为两组，宣称第一组分配的红色胶囊包装了兴奋剂，第二组分配的蓝色胶囊则包装了镇静剂。实际上，胶囊里的药粉已经相互调了包而并未让学生知道。结果，吃了红色胶囊的第一组学生很兴奋，而吃了蓝色胶囊的第二组学生则很平静，完全没有体现出药物的作用。由此可见，他们的信念压制住了身体服用药物的化学反应。

这门研究人类身心互动关系的"心理神经免疫学"证实了数个世纪以来的疑惑：信念在医疗的过程中扮演着极其重要的角色，甚至比治疗本身还重要。

在21世纪，观念的不断革新，促进了人们对思维、品格、身体、成就等方面的感悟，而这些恰恰是人类社会欣欣向荣的关键。于是，我们意识到，肯定存在着一种神秘的力量，它冥冥中将我们与赋予我们生命的至上神性紧密相连，而这种力量就是信念的力量。

信念是人生的太阳。一个人的信念既可以是积极的，也可以是消

极的。积极的信念会使人乐观向上、朝气蓬勃；消极的信念会使人退缩畏惧、丧失斗志。

信念是一切成功和奇迹的源泉。如果我们在做任何事之前，未能树立起一个坚定的信念，只是一味地采取消极的态度对待，总告诉自己这也无法实现那也不可能做到，恐怕我们的人生也就只能失败了。

影响我们人生发展的关键绝不仅仅是环境，而是我们持有什么样的信念。当信念开始在心中树立起来时，我们离成功的目标就越来越近了。“玉不琢不成器，人不砺不成德”，勾践卧薪尝胆终报国仇家恨，司马迁惨遭宫刑写就千古巨著，唐三藏历经艰辛险阻终于取得真经。古今中外，大凡仁人志士，明达贤者，无不经历困苦砥砺。但只要心中有了信念，就没有闯不过的“火焰山”，就没有战胜不了的艰险。

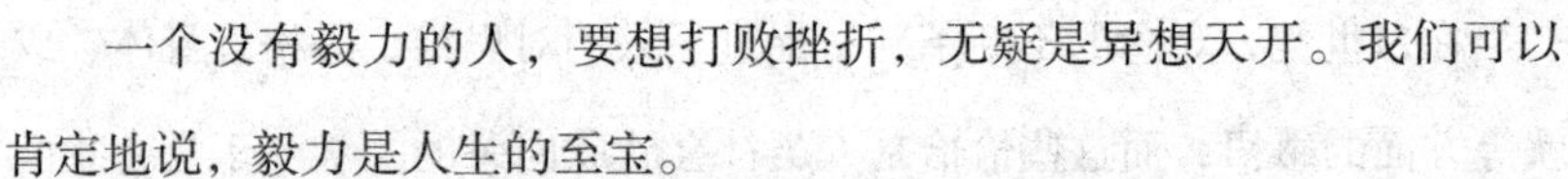

顽强不息的毅力

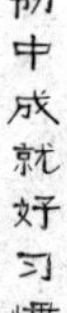

一个没有毅力的人，要想打败挫折，无疑是异想天开。我们可以肯定地说，毅力是人生的至宝。

上校哈兰·桑德斯眼睁睁地看着一条新建的跨州高速公路在离他的饭馆7里外的地方通过，一脸的无奈。他知道，他在肯塔基州的这家饭馆，会因为新建的公路而失去许多客人。没有稳定的客源，他将很难把生意支撑下去。然而，66岁的上校并不是一个轻易认输的人，他靠着一张烹制炸鸡的神秘菜谱和不懈的毅力扭转了乾坤。这次意想不到的中途转轨，造就了后来庞大的肯德基帝国。

哈兰·桑德斯6岁的时候，父亲就去世了；他12岁时，母亲改嫁。初中还没有读完，他就被送到一家农场去做工了。在农场干了几年以后，桑德斯决心出去闯世界，走自己的路。在接下来的25年里，桑德斯干过的工作像他试过的帽子一样多：他当过粉刷工，在电车上卖过票，开过渡轮，卖过保险，当过兵。在铁路上工作过，他得到过一个函授法学学位，使他能在堪萨斯州小石城当上一段时期的治安官。在不断的转换工作中，他始终相信，他会有自己的事业。

后来，他终于开了一家加油站。此时，他非常喜爱烹调，经常给妻子和孩子们烹制他的拿手好菜——炸鸡。因为他们一家人就住在加油站旁边，所以来加油的人常常能闻到从他家飘出的阵阵香味。后来，桑德斯就在家里饭厅的餐桌上对外供应现做的饭菜，而“炸鸡”往往是必不可少的一道主菜。

没过多久，来就餐的人就多得使小小的餐厅无法容纳了。于是，桑德斯搬到街对面一个有150个座位的饭店里，并把这家饭店起名为“桑德斯饭馆”。“厨师”的名声越来越大。最终，肯塔基州州长授予他“名誉上校”头衔。新上校别出心裁，在饭馆旁边加盖了一座汽车旅馆。桑德斯饭馆兼旅馆，成为第一个集食、宿、加油为一体的企业。

桑德斯希望保持那种特有的风格，那种家庭氛围，因为他知道顾客喜欢像一家人吃饭那样，不用菜单点菜。

随着顾客的增加，他越来越难以做到顾客要什么他很快就能给端上来。于是，他总是一边手忙脚乱地为顾客炸鸡，一边听着急的顾客在旁边不停地抱怨。

“压力锅”的发明对桑德斯上校来说真是天赐福音。它可以大大缩短烹制时间，又不会把食物烧糊。于是，桑德斯买了一个压力锅。经过实验，他可以如他所期望的那样，用它在15分钟内把鸡炸好，而他用11种香料调制的炸鸡作料也日臻完美。由于食品口碑甚佳，营业场地宽阔，因此众多食客趋之若鹜，即使在经济大萧条时期，桑德斯也是精神焕发、干劲十足。

然而，外界的变化再一次威胁到他的安稳生活。新建横贯肯塔基的跨州公路计划最后确定并向大众公布了，这对桑德斯是个很大的打击。跨州公路对游客是好事，但它会夺走桑德斯的大批顾客——走新公路的游客不可能再来光顾他的饭馆了。果然，新公路通车后，桑德斯的生意急转直下，以至于他最后只有变卖资产以偿还债务，所得款项只相当于公路通车前他总资产的一半。为了偿清债务，他的银行存款都用光了。一下子，哈兰·桑德斯这位昔日受人尊敬的“上校”，已经面临“在贫穷潦倒中了此残生”的局面。

桑德斯终日冥思苦想，琢磨着怎样摆脱困境。突然，他想起自己曾经把炸鸡做法卖给另一个州的一位饭店老板。这个老板干得不错，所以又有几个饭店老板也买了桑德斯的炸鸡作料，他们每卖1只鸡，就付给桑德斯5美分。绝望之中的桑德斯觉得，也许还有人愿意这样做。

于是，桑德斯带着一个压力锅，一个50磅的作料桶，开着他的福特汽车上路了。身穿白色西装，打着黑色蝴蝶结，一身南方绅士打扮的白发上校停在每一家饭店门口兜售炸鸡秘方，要求给老板和店员表演炸鸡。如果他们喜欢炸鸡，就卖给他们特许权，提供材料，并教他们炸制方法。

饭店老板都觉得听这个怪老头胡诌简直是浪费时间。因此，桑德斯的宣传工作做得很艰难：前两年，他拜访了600多家饭店，只有很少几个饭店老板把炸鸡加进自己的菜单。然而，他坚持着做下去，终于取得了突破。从此，他的业务像滚雪球般越滚越大，肯德基炸鸡在美国变得家喻户晓。70岁的桑德斯被要同他合作的人团团包围，要买特许权的餐馆代表蜂拥而至。后来，桑德斯又建起了学校，让这些餐馆老板来学习怎样经营特许炸鸡店。

一身南方绅士打扮的上校烹制炸鸡的形象，吸引了众多记者和电视节目主持人。没有多久，桑德斯修剪整齐的白胡子和黑边眼镜就成为全国知晓的标记，并最终成为肯德基的标志。对此，桑德斯经常开玩笑说："我的微笑就是最好的商标。"

他这个活广告的效果奇佳，以至于在他售出了全部专有权之后，这些权益的新主人还付给他一笔终身工资——请他继续担任肯德基炸鸡的发言人，广泛进行宣传。就在辞世前不久，他每年还要做长达70多天的旅行，四处推销肯德基炸鸡。桑德斯的实践证明，一个人不仅可以在晚年开拓一项新的事业，而且还可以创建一个非常成功的产业——现在，肯德基炸鸡已经在近百个国家开设了上万个连锁店。

如果桑德斯当初没有相信自己产品的信心，没有行动到底的毅力，今天的"肯德基炸鸡"恐怕早已失传了。

桑德斯上校的成功说明了一个问题："毅力是人生的至宝"，如果你有毅力，那么年龄并不是成功的障碍。

戈登·布朗出生在苏格兰一个普通的牧师家庭，从小志向远大。12岁时，布朗就和哥哥约翰说服工党，允许兄弟俩在自己创办的报纸上刊登当时工党领袖哈罗德·威尔逊的一篇文章。然而，高中快毕业时，

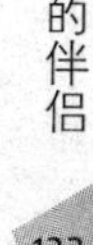

布朗突然遭遇变故：在同教师举行的一场橄榄球赛中，他被踢中头部，左眼视网膜脱落。他在医院待了几个月，双眼均缠上绷带，接受了三次眼部手术，受尽煎熬，最终不得不接受左眼失明的事实。对于一个风华正茂的有志少年来说，失去一只眼睛，是何等残忍的事。那段时间，布朗心灰意冷，躲在屋子里不出门，讨厌陌生人的蔑视，更憎恶亲朋的同情，从朝气蓬勃变得郁郁寡欢。

对于布朗的消极表现，父母看在眼里，疼在心上，尝试开导劝慰，但毫无收效。

恰好，哥哥约翰从大学回家休假，他千方百计地帮助弟弟走出低谷。一天，他欢天喜地地回到家，找到布朗，塞给他一把手枪和六发子弹。布朗有些惊奇，小心翼翼地抚摸着手枪，问："这是一把能开火的真枪？"约翰拍着弟弟的肩膀，说："当然！我们到户外进行实弹射击，玩儿个痛快！"布朗犹豫了片刻，终于起身和哥哥一起出了门。来到屋后的小山冈，他们将目标定于20米开外的一棵橄榄树。约翰率先举枪，眯起左眼瞄准，也许是因为紧张，再加上不懂技术要领，他连开三枪都没有命中目标，只好把枪交给布朗。布朗的前两发子弹都射偏了，有些沮丧。这时，约翰在一旁鼓励说："别放弃，你还有一次机会！"这一次，布朗屏气凝神，果然击中了树干。

约翰欢呼着抱住了弟弟，兴奋地说："刚才我努力眯紧左眼，很吃力，所以没有瞄准。你比我有优势，因为上帝替你蒙上了左眼，你可以心无旁骛，专心瞄准目标！"

约翰假装无心所说的话，深深打动了布朗。一瞬间，他紧紧握住哥哥的手，感觉浑身重新充满了力量。第二天，他又回到学校学习。

16岁时，布朗获得了苏格兰著名学府爱丁堡大学的奖学金，成为该校当时年龄最小的大学生；24岁时，他发表了自己的“苏格兰红皮书”，俨然以英国首相的口气对苏格兰的状况进行分析。

这位热心政治的青年，积极参与各种社团活动，难免会树立一些反对派。他的对手们常常借他的盲眼嘲笑他、攻击他，但他总记得当年哥哥的鼓励。在许多次演讲中，他激昂而自豪地宣称：“我的左眼是上帝为我蒙上的，就是希望我能专注于我毕生的事业，专注于我的目标，执著向前。”

就这样，眼疾不仅没有摧毁布朗的斗志，反而加强了他奋斗的决心。他迅速在政坛脱颖而出：46岁时，他当上了英国历史上任期最长的财政大臣；2007年，他成为英国第52任首相。

布朗对青年们说：“每一次经历都在塑造你。我只能坚持信念，保持积极。人生最重要的是要在逆境中坚持下去，不让环境击垮你。”

奋不顾身的行动

让我们面对现实：只有10%的成功者采取了措施去达到重要的目标，而其他的人有了人生的目标，因为没有去实施，所以屡屡失败，更谈不上靠行动来驾驭意志力去走向成功。可见行动是成功的开始，更是驾驭意志力的开始。

成功源于心态，成功要有明确的目标，这都没有错，但这只相当于给你的赛车加满了油，弄清了前进的方向和线路，要抵达目的地，还得把车开动起来，并保持足够的动力。人生，是你采取了多少行动才让你更成功，而不是你知道多少才让你成功。所有的知识必须化为行动。不管你现在决定做什么事，不管你设定了多少目标，你一定要立刻行动。唯有行动才能使你成功。

行动与思想同等重要。如果每天只是空想，而不付诸于实际行动，那么永远也不会成功。现在做，马上就做，是每个人要成功的必备品格。

杰克·韦尔奇给年轻人的忠告是："如果你有一个梦想，或者决定做一件事，那么，就立刻行动起来。如果你只想不做，是不会有所收获的。要知道，100次心动不如1次行动。"

在生活中至少存在两种类型的人：一是天天沉浸于幻想中，看不到一点行动的痕迹；二是善于把想法落实到计划中，成为一个敢于行动的人。

但是，这个看似人人皆知的问题，在许多人身上并没有引起足够的重视，因为他们常常把失败的原因归罪于外部因素，而不是从自身找到失败的病根。其中很重要的一条是：这些人常常是一名幻想大师，面对那些看不见、摸不着的东西时心动不已，总以为仅凭自己的意愿就能实现人生理想，就能过自己想过的日子，就能成为一个被人羡慕的人。抛开这些特定的人不讲，实际上在我们身边，那些天天抱头空想自己未来的人，之所以没有人生的进展，就在于他们都是"心动专家"，而不是"行动大师"。

有人说，心想事成。这句话本身没有错，但是很多人只把想法停留在空想的世界中，而不落实到具体的行动中，因此常常是竹篮打水一场空。当然，也有一些人是想得多干得少，这种人只比那些纯粹的“心动专家”要强一些，要好一些。因为行动是一个敢于改变自我、拯救自我的标志，是一个人能力的证明。美国著名成功学大师马克·杰弗逊说：“一次行动足以显示一个人的弱点和优点是什么，能够及时提醒此人找到人生的突破口。”毫无疑问，那些成大事者都是勤于行动和巧妙行动的大师。在人生的道路上，我们需要的是：用行动来证明和兑现曾经心动过的金点子。

立刻行动起来，不要有任何的耽搁。要知道世界上所有的计划都不能帮助你成功，要想实现理想，就得赶快行动起来。成功者的路有千条万条，但是行动却是每一个成功者的必经之路，也是一条捷径。因为幸运永远也不会降临到心动而不行动的人身上。只有行动，才能成功。

有两个人找到上帝，请教怎样才能成为天使，上帝派他们到一座大山上去考察，约定10年后再相见。

他们一起攀上了山顶，发现整座山竟没有一棵树、一株草，他们内心十分不满意。一个人发了牢骚后就愤然离去；另一个人则是去别的山上采摘了各种各样的种子，把它们播到了荒山上。

10年后，上帝接见了这两个人，询问他们有关那座荒山的情况。“真想不到，世界上还有如此荒凉的大山，一棵树、一株草也没有。”第一个人抱怨说。

“10年前，那里的确是一座荒山。不过，今天它已是一座青山。”另一个人说。

“怎么会呢？荒山只能永远是荒山啊！”

“那只是暂时的荒山，只要我们用行动改造它，播上树种，它就会长满树；播上草种，它就会长满草。”

上帝欣慰地点点头，对第二个人说：“你已经成为天使了。”

这就是行动的力量。只要行动起来，每个人都可以成为天使。

行动要以目标为指针，踏踏实实，一步一个脚印地创造价值。行动是一个坚实的奋斗过程，需要我们扎扎实实地履行生命过程中的责任。成功始于行动，惟有行动，方能成功。

当一个青年问被誉为“推销之神”的日本人原一平如何做好推销时，他神秘地说：“答案就在这里。”言毕，他脱下袜子，“你来摸一摸就知道了。”青年果然去摸了摸，惊讶地说：“这么厚的老茧啊！”

原一平严肃地说：“没有什么秘密，只有坚持不懈的行动。”

人是自己行为的总和，是行动最终体现了人的价值，因此，只有行动才能赋予生命以力量，才能到达成功的彼岸。

在美国一个小城的广场上，你可能会看到一个老人的铜像。这个老人并不是什么名人，也没有任何伟大的成就。他只是这座城市中一个普通餐馆负责端菜送水的普通服务员，然而他对客人细致入微的周到服务却令人们感动不已。更加难以置信的是，他是一个聋子！

在这个老人的一生中，他从没说过一句话，也没听过一句赞美，他只是默默地以自己的行动为人们服务，实现着自己的人生价值！

我国汉代著名学者承宫出身于一个贫寒之家。父母每天辛苦操劳，全家人也只能勉强度日。转眼间承宫到了读书的年龄，但对于这样一个贫苦的家庭，饭都还吃不饱呢，哪来的钱供他上学呢？所以，他只能充满羡慕地望着邻居家同龄的孩子每天快快乐乐地去上学，为此，他曾偷偷地哭过很多次。

学堂是由同村的学者徐子盛先生开办的。承宫每次路过学堂，都要望一望学堂的大门，竖起耳朵偷听一会儿里面的读书声，然后就赶紧离开。渐渐地，承宫在学堂附近停留的时间越来越长，最后竟不由自主地来到学堂门口，偷听先生讲课，听学童读书。

有一天，徐子盛先生发现了他。当得知事情缘由后，将小承宫领进了学堂。从此，承宫就被收留在徐先生门下。他一边帮老师做杂活，一边随课听讲。他的学习成绩总是名列前茅。数年后，承宫读遍了先生的所有藏书，并写得一手好文章。

最后，他成了一名在学术上名垂青史的伟大学者。

可能有人会提出这样的疑问，承宫的转变是发生在小时候，如果是成年的时候，那还会有作用吗？人们经常说“过去不等于未来”。实际上，这句话的意思就是一切都可以重头再来，并且不管多晚都是可以改变的。只是“为”与“不为”的问题，只要起步，永远都不算晚！

吕蒙是东汉末年有名的将领，胆识过人，深得周瑜、孙权重用。然而，吕蒙并没读过什么书，可以说文化水平较低。因此，鲁肃很看不起他，认为他只不过是一介草莽，四肢发达头脑简单。吕蒙自己也觉得低人一等，不爱读书，不思进取。

有一次，孙权派吕蒙去镇守一个重地，临行前嘱咐他说：“你现在很年轻，应该多读些史书、兵书，懂的知识多了，才能不断进步。”

吕蒙一听，忙说：“我带兵打仗忙得很，哪有时间学习呀！”

孙权听后对他进行严厉的批评：“你这样说就不对了。我主管国家大事，比你忙得多，可仍然抽出时间读书，收获很大。汉光武帝带兵打仗，在紧张艰苦的环境中，依然手不释卷，你为什么就不能刻苦读书呢？”

听了孙权的话，吕蒙深受启发，开始勤奋读书，他在闲暇时间，将诗、书、史及兵法战策全部读了一遍。终于，功夫不负苦心人，吕蒙

官升至偏将军，还做了寻阳令。周瑜死后，鲁肃代替周瑜驻防陆口。大军路过吕蒙驻地时，一谋士建议鲁肃说："吕将军功名日高，您不应怠慢他，最好去看看。"

鲁肃于是去拜会吕蒙。吕蒙热情地款待了鲁肃。席间吕蒙请教鲁肃说："大都督受朝廷重托，驻防陆口，与关羽为邻，不知有何良谋以防不测，能否让晚辈长点见识？"

鲁肃随口应道："这事到时候再说嘛……"

吕蒙严肃地说："这样恐怕不行。当今吴蜀虽已联盟，但关羽如同熊虎，险恶异常，怎能没有预谋，做好准备呢？对此，晚辈我倒有些考虑，愿意奉献给您做个参考。"于是吕蒙献上五条见解精妙的计策，全面且深刻。鲁肃听罢又惊又喜，立即起身走到吕蒙身旁，抚拍其背，赞叹道："真没想到，你的才智进步如此之快……我以前只知道你是一介武夫，现在看来，你的学识也十分广博啊，远非昔日的'吴下阿蒙'了！"

吕蒙笑道："士别三日，当刮目相看。"

吕蒙通过努力学习和实战，终成一代名将而享誉天下。

做人要争气，关键在于，是否能付诸行动，是否能把这一观念真正地用在自己身上。任何事只有动起来，才会有成功的希望，俗话说：不怕慢，就怕站。无论什么事情，只有做才知道成与不成，而只要做，几乎没有什么不可能。

纽约两位63岁的老夫人菲莉西亚和莫莉都喜欢步行，每天她们分别从自己的家里步行到城南的老年活动中心，菲莉西亚每天走45分钟，莫莉每天走1个小时。活动中心的其他老年人都对她们钦佩不已，曾建议她们坐车或坐地铁，但她们风趣地回答：她们每天都太急于见到老朋友了，以至于实在没有耐心去等汽车送她们到中心来。于是又有人开玩笑说：你们合起来走的路，可以绕美国一圈了。

这句话提醒了菲莉西亚，她兴奋地对莫莉说：住在迈阿密的女儿生了双胞胎，自己正准备去看女儿和外孙，作为送给外孙的见面礼，她决定步行到迈阿密。

莫莉开始说菲莉西亚疯了，但转过念来又不无羡慕地说：

“如果我也有那么可爱的外孙，即使他们住在中国，我也会走着去看他们。”

就这样，菲莉西亚坚定而愉快的身影出现在了纽约到迈阿密市的公路上。当她拒绝任何帮助到达迈阿密以后，一些记者采访了她，问她是如何鼓起勇气步行到迈阿密的。

菲莉西亚夫人答道：“如果你有健全的双腿，并且可以行走，那么，走一步路是不需要鼓起勇气的。真的，我所做的一切就是这样。我只是走了一步，接着再走一步，然后再一步，一步一步地，我就到了这里。”

是的，你必须迈出第一步，然后一步一步走下去。否则，不论你花多少时间思考和学习，都不会有所收益，因为确立目标容易，难的是采取行动。

某杂志曾刊登过这样一个故事：

有一天，杰克自己在一间没有人住的屋里玩，玩累后在休息之时，他将双脚放在窗台上，用手抱着小腿，欣赏着窗外的美景。忽然听到一声大吼，他猛地跳起来，没想到是左手食指上的指环竟然被一个铁钩钩住，手指被拉断了！他被吓得头脑一片空白。

那段时间，杰克觉得这一辈子就这样完了。这样的想法一直到杰

克遇到那个开电梯的人才有所改变。一天，杰克在伦敦看到一个失去了右臂的人在为别人开电梯，他问那个人是否会感觉到不方便。他说：“只有在缝纫的时候才会感到。”这句话使杰克受到了很大的触动，一个已经失去手臂的人都这样乐观地生活，他又有什么理由不去热爱生活呢？他下定决心不再想伤痛，而是像正常人一样去愉快地生活，当遇到不方便的情况时，他并没有放弃不做，而是想其他的方法。因此，他比别人要花更多的时间去想办法，去做事情，但他再也没有抱怨过。后来他几乎从不想左手只剩4根手指，就当这件事从来没有发生过。

人不能改变不幸，但是能够改变面对不幸的态度，要知道，对于任何不幸，我们只要用积极心态去激发它，无论什么困难都能够克服，用自己坚强的意志去迎击它，切实行动起来就一切皆有可能。

胜在意志，赢在品质

人的意志品质，就是人在意志行动中表现出来的较为稳定鲜明的心理特征。这些特征一旦缺失，那将会使我们的意志薄弱。如果你想在今后的人生中青云直上，如果你想让既定的目标顺利完成，就必须拥有这些优良品质，如此，才能成就大业。

胜在意志，赢在乐观

任何成功都不是一蹴而就的，都需要人们不断地付出，不断地经历痛苦，不断地战胜困难，这是一种客观规律。如果我们把痛苦和不如意的事情看成是一个故事，或者一场戏剧，我们自己就是其中的主角，那么心情可能就会大有好转。相反，如果一味地被那些不如意的愁云所笼罩，只会增加更多的痛苦。“去留无意，闲看庭前花开花落；宠辱不惊，漫随天际云卷云舒。”既然悲观于事无补，那何不用乐观的态度来对待人生，守住乐观的心态呢？

雨果曾经说过：“世界上最浩瀚的是大海，比大海更浩瀚的是蓝天，比蓝天更浩瀚的是人的心灵。”随着科学技术的发展，我们人类对外部世界的探索已经走得很远很远，但令人遗憾的是，我们对人类心灵世界探索的脚步却迈得非常缓慢。

我们每个人的心灵深处都蕴藏着无穷无尽的智慧与能量，它就像一个个隐藏着的“金矿”一样，那里有高贵、充实和快乐生活所需要的一切，正等待着我们去开发与汲取。然而我们不得不发出这样的感叹：虽然解剖学家的手术刀能够解剖人类身体上的所有器官，但却永远也解剖不了人类的心灵，更解剖不了由心灵而荡漾出来的丰富多彩的奇妙心态。

在每个人的心灵世界中，都存在着一种能够创造奇迹的巨大力量：它能够给你带来灵感，令你有新的发明、新的发现或写出新的文学作品；它会告诉你生命的真正价值，指引你踏上美满的生活道路；它能够帮助你找到理想的伴侣、合适的事业伙伴或同事；它甚至还可以在你身处困境的时候，为你提供一个解决问题的最佳思路……因此，当我们学会开发心灵的智慧与能量并释放它的威力时，我们就能够在生活中拥有更多的财富、健康、快乐与幸福，让我们的人生过得更加充实且富有意义。

众所周知，我们每个人的心态都是由积极与消极这两种类型所构成的。西方的一位著名心理学家曾经说过："我们每一个人都随身携带着一种看不到的法宝，它的一面写着'积极心态'，另一面写着'消极心态'，积极心态能够让你到达人生的巅峰，消极心态则会让你的一生在困苦和不幸中度过。"

积极心态能够充分调动出心灵的巨大能量与智慧，让我们的人生达到一种最佳的状态；与之相反，消极心态则阻碍了心灵能量与智慧的发挥，它会使你如同盲人一般，到处乱撞，并使我们的人生变得暗淡无光。但是，我们每个人的实际心态并不能只是简单地划分为积极与消极两种，而常常是积极心态中存有消极的成分，消极心态中又存有积极的成分。任何一个人在任何时候都会同时拥有这两种心态，仅仅是其中所占比重不同罢了。但是值得关注的是，这两种心态总是在不断地转变。

每个人都渴望成功，可为什么有的人轻易就获得了成功，而有的人却不断地遭遇失败呢？如果我们仔细比较一下成功者与失败者的心

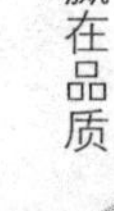

态，尤其是关键时刻的心态就会发现，不同的心态会产生完全不同的结果。

英国有位女游泳健将，梦想成为世界上首位横渡英吉利海峡的女性。为了实现梦想，她每天都刻苦练习，准备为这历史性一刻做最充分的准备。

终于，这一天来临了。在媒体记者的关注下，女选手信心百倍地跃入大海，朝对岸游去。开始时，天气非常好，女健将很轻松地朝目标迈进。但是，快接近对岸时，海上突然起了浓雾，雾气越来越浓，能见度极低。

处在漫无际涯的大海中，她完全迷失了方向，不知道到底还要游多远才能上岸。她越游越心虚，而且越来越疲惫。她对自己没有一丝自信。最后，她选择了放弃。当救生艇将她救起时，她才发现只要再游一百多米就能到岸了。

人们都为她感到惋惜，距离成功都那么近了。她遗憾地说："要是我知道距离目标只剩一百多米，无论多辛苦，我一定可以坚持到底，完成目标的。"

我们不怀疑这名女选手的能力，但消极的心态让她功亏一篑。在最后关头，她要是能够再坚持一会儿，实现梦想是轻而易举的，但遗憾的是，她最终失败了——她被自己消极的心态打败了。

可见，心态的力量是巨大的，不同的心态，会给你带来迥然不同的人生。

积极的心态可以带领你走向快乐的人生，随时让你的生活发生重大转变。一个人所处的环境（心理的、感情的、精神的）完全由自己的心态来创造。

成功学大师拿破仑·希尔指出，心态是成功人士的首要标志，一个人能不能成功，关键在于他的心态。成功者与失败者的差别就在于成功者是以积极的心态去面对人生，而失败者则以消极的心态去面对人生。

能够运用积极心态掌控自己人生的人，行动积极向上、奋发图强，他们能够积极乐观地正确处理人生遭遇到的种种困难、挫折与不幸。运用消极心态掌控自己人生的人，行为消极、悲观，不敢也不去积极克服人生所面对的种种困难、挫折与问题。而具有积极心态的人却更愿意从好的方面思考问题，并且通过自己的不懈努力得到一个积极的结果。

佛教讲“无常”，凡事可能会变好，凡事也可能会变坏。在半杯饮料面前，有的人会遗憾地说：“可惜只剩半杯了。”有的人却会庆幸地说：“幸好，还有半杯可以喝。”

我国宋代著名诗人苏东坡曾被贬谪到海南岛，岛上的孤寂落寞和当初的车水马龙相比，可谓是两个世界。但是苏东坡却认为，在孤岛上生活的并非只有他一人，大地也是海洋中的孤岛！这就好比一盆水中的小蚂蚁，当它爬到一片树叶上时，树叶就是它的孤岛。因此，苏东坡认为，只要能够随遇而安，就会得到快乐。

苏东坡在岛上时，每当他吃到当地的水产，就会庆幸自己能够来

到海南岛。他甚至想，若是朝中有大臣先他而来，他如何能够独享如此美食呢？人生没有绝对的苦乐，凡事只要愿意往好处想，自然能转苦为乐、转难为易、转危为安。美国残障教育家海伦·凯勒说：“面对阳光，你就会看不到阴影。”只要拥有积极的人生态度，我们的心里就会充满阳光！

积极者希望多，消极者抱怨多；积极者能够主动安排、改变生活，消极者只会等待着生活的安排。积极的心态是快乐的起点，它能够激发人无限的潜能，去完成想做又不敢做的事情，得到他人所企望的发展机遇。而如果让消极的心态左右你，你就如同一个要长途跋涉，且身上背着沉重而无用的大包袱的人，看不见希望，即使机遇唾手可得，你也会与之失之交臂。

积极的心态有助于人们克服困难，使人看到希望，保持进取的旺盛斗志；消极的心态使人沮丧、失望，对生活和人生充满了抱怨，自我封闭，限制和扼杀自己的潜能。积极的心态创造人生，消极的心态消耗人生。积极的心态是成功的起点，是生命的阳光和雨露，让人的心灵成为一只翱翔的雄鹰；消极的心态是失败的源泉，是生命的慢性杀手，使人受制于自我设置的某种阴影。选择了积极的心态，就等于选择了成功的希望；选择消极的心态，就注定要走入失败的沼泽。如果你想成功，想把美梦变成现实，就必须摒弃这种扼杀你的潜能、摧毁你的希望的消极心态。

当我们意志不坚强的时候，或者遭受人生不顺的时候，不如静下心来，用积极的心态面对这一切。你会发现原先脆弱的意志，因为乐观的心态再次变得坚强。

果断在前，意志在后

意志的果断性，是指善于迅速地明辨是非利害，坚决地采取决定和执行决定的意志品质。具有果断性的人，在特定情境之下能够审时度势，周密思考，能全面深刻地认识到行动的目的，采取恰当的方法，清楚地预料行动的后果。正是以此为前提，当事态发展到最紧急的关头，才能不失时机，当机立断，及时行动，表现出一种大智大勇。

果断是一个人能适时地做出经过深思熟虑的决定，并且彻底地实行这一决定，在行动上没有任何不必要的踌躇和疑虑。果断是成大事者积累成功的资本。

要想成就大事，必须要克服犹豫和顾虑的弱点，培养果断的个性，勇往直前。有的人在做事的时候，经常是瞻前顾后、顾虑重重，看似考虑周全，实则毫无头绪，不但使同困难作斗争的精力受到分散，而且也削弱了同困难作斗争的勇气。在这种情况下，人们最需要的就是果断的个性，明确一个正确的轨道，摆脱各种动机的束缚，不再犹豫不决，坚定地采纳在深思熟虑基础上拟定的克服困难的方法，并立即行动起来同困难进行斗争，以取得克服困难的最大效果。

这是发生在国外的一个真实的故事。

巴尼·罗伯格是美国的一个伐木工人。一天早晨，巴尼像平时一样驾着吉普车去森林干活。由于下过一场暴雨，路上到处坑坑洼洼，把车停在路的尽头，他走下车，拿了斧子和电锯，朝着森林深处又走了大约两英里路。

巴尼打量了一下周围的树木，决定把一棵直径超过两英尺的松树锯倒。出人意料的是，松树倒下时，重重地压在巴尼的右腿上。

面对这一突发情况。巴尼首先做的就是告诉自己不要惊慌，保持清醒的头脑。他想把腿抽出来，但是腿被松树紧紧地压着，根本无法动弹，而且一直在流血。巴尼知道，如果等同伴们发觉他不见了再来找他，估计那时他很可能就已经因为流血过多而死了。所以，他只能靠自己。

他深吸了一口气，观察了一下四周，发现就在不远处有一个电锯。他将它移到自己够得着的地方，然后拿起电锯准备锯树。刚锯了几下，巴尼就发现，因为这颗松树是呈45度角倒下的，巨大的压力一定会卡住锯条。经过一番艰难的思考，巴尼认定，只有唯一一条路可以救自己了。他狠了狠心，拿起电锯，咬紧牙关，对准自己的右腿锯下去……

巴尼强忍着剧痛简单地包扎了断腿，一寸一寸地爬着，昏过去，醒过来……大约4个多小时后，巴尼终于爬到吉普车旁。他竭尽全力爬进汽车，并用左腿发动了汽车……

巴尼在非常时刻紧急自救战胜死亡，充分表现出意志的果断性。可以想象，如果他面对特殊情境，不能当机立断，而是瞻前顾后犹豫不决的话，很可能就不能生还。是果断的意志品质使他拯救了自己的生命。

果断性是非常重要的良好意志品质。有了果断性，我们在学习、工作和生活中，才可以及时判明情况，抓住时机，作出决定，采取行动，取得成功。英国作家爱略特说得好："世上没有一个伟大的业绩，是由事事都求稳操胜券的犹豫不决者创造的。"

意志的果断性有两个内在的基本特征。

一个基本特征是深思熟虑，大胆勇敢。具备这种特征的人，平时处事就表现得比较明快而坚决，在紧张危急关头能迅速地掌握情况，分析事物的几种可能性，坚定及时又有力地作出决断。

《三国演义》中的诸葛亮，就是一个智勇双全、指挥果断的军事家。

三十六计中的"空城计"最好地体现了诸葛亮的果断性。当时司马懿的50万大军蜂拥而来，兵临城下，而诸葛亮只有老弱残兵2500人，要打打不过，要守守不住，要逃逃不脱。在这千钧一发之际，诸葛亮决定洞开城门，自己登上城楼，凭栏而坐，怡然自得。司马懿看到如此一番情景，便仓皇逃走。诸葛亮之所以采取了这一计策，正源于他对司马懿的心理特点及当时彼此军情的深思熟虑，以及在此基础上的大胆勇敢。

意志果断性的另一个基本特征，是迅速果决，灵活机智。大凡具有果断性的人，都有雷厉风行、做事迅速的特点，并能够机智灵活地根据情况变化抓住时机，甚至在紧急情况下敢于冒险，果决地行动。

在我们执行工作或学习计划的过程中，会有各种各样的思想和动机与计划相违背，这时就需要果断的个性，克服和排除这种障碍，才能使计划顺利进行。优柔寡断之人最重要的特点就是思想上容易形成冲突，并且精力易分散。这样的人被不同的思想和动机束缚着，以致于无法克服内心的矛盾。在执行计划过程中，特别是在遇到困难的时候，总是会苦于不知道该怎么办，不知道自己做的决定是否正确，想象不同的结果和后果，而且总是往坏的方面想，所以做事犹犹豫豫，总不能顺利完成计划。而果断的特点则是坚决排斥以上这种畏首畏尾、瞻前顾后的犹豫，把自己的思想和精力全部用于执行计划，从而使计划得到有力的执行，并且加强了自己执行计划的能力。

在突发状况下，果断的个性可以帮助我们清晰地分析形势，不失时机地改变原有的计划、方法和策略等，以便能够以最快的速度适应变化的情况。而优柔寡断之人，在形势发生很大变化的时候就会显得不知所措、摇摆不已，因而也不能根据变化了的情况及时改变策略，在等待观望中，失去了大好的机会，被迅速变化的情势远远抛在后面。

可见，果断，无论是对领导者，还是对普通劳动者，无论是对于工作，还是对于生活和学习，都是必需的。

除此之外，我们也应该看到：果断，是在克服胆怯和懦弱的过程中实现的。果断要以果敢为基础，特别是在情况紧急时，要求人们当机立断，迅速地做出决定并且执行决定。比如在军事行动中就需要这样，因为战机常在分秒之间，抓住战机就必须果断。今天从事社会主义现代化建设事业同样需要果敢。大方向看准了，有七分把握，就要果断地下定决心。

果断，要从干脆利落、斩钉截铁的行为习惯开始养成。无论什么事情，不行就是不行，要做就坚决做。生活中不少事情确实既可以这样又可以那样，遇上这样的小事，就不必考虑再三，大可当机立断。否则，连日常的生活琐事也是不干不脆，拖泥带水，你又怎么能够培养出果断的意志来呢？

我们在做事情的时候，经常会受到内部和外部的各种干扰，要果断，就要经常排除这种干扰。当然，果断并不是凭借一时冲动而做出的决定，它一定是在确定目的、计划、执行过程中形成的。在确定目的时会有各种动机进行干扰，此时的果断表现为抑制错误的、与目的相反的意向或动机，以便做出正确的决断。在做出决断以后，还会有各种因素，如舆论、困难、各种诱惑等等阻碍我们执行计划。周围人的评头论足、来自各方面的压力、各种诱惑都有可能动摇我们已经做出的决定。有时候，在执行决断时排除内外干扰的这种果断性，要比确定目标和初下决心时的果断性难很多。所以，在执行决定时尤其要注意培养果断性。要养成决心既下就不轻易改变的习惯，不要让一些本来微不足道的因素干扰我们的决心，甚至把自己弄得手足无措。

自觉主动，勇于投入

意志在行动中表现最突出的特征，就是自觉主动，那么什么是意志品质的自觉性呢？我们先看一个发生在春秋时代的故事。

在春秋时代有位许穆夫人，是卫国国君的妹妹，后来嫁给许国国

君许穆公。

公元前660年的冬天，狄人攻打卫国，卫国大败。许穆夫人知道自己的祖国正在危急之时，她向许穆公请求出兵援助，许国君臣因怕得罪狄人，不敢出兵。许穆夫人就和当初随嫁到许国的姐妹商量，决定立即动身，奔赴国难。这个决定遭到许国君臣的非难和阻挠。有人认为这不是要把战火引到许国来吗？有人搬出了“父母已亡则不得归宁者，义也”的所谓“先王礼制”，企图阻拦夫人回国。但许穆夫人不顾重重阻拦，带了几个姐妹乘车向卫国奔驰而去。

一些大臣驾车追赶夫人。夫人严加斥责：“大夫们不辞辛苦地追赶来，我心中不免犹疑。但即使你们都说我不对，也不能使我返回！”大臣们还要阻拦，她斩钉截铁地说：“比起你们那些不高明的主张，难道我的考虑不谨慎、不长远？再说一遍，即使你们都说我不对，你们也不能阻止我奔赴国难！”那些大臣被责问得无话可说，只好悻悻地回去了。

许穆夫人回到祖国向当时的国君卫文公建议向齐国求援。在齐国帮助下，卫国收复失地，转危为安，又慢慢壮大起来。

这则故事突出表现的，是意志的自觉性。所谓意志的自觉性，就是能深刻地认识行动目的的正确性和重要性，并主动地支配自己行动使之符合目的的意志品质。

在以上这个故事中，许穆夫人奔赴国难的行动所突出表现的就是意志的自觉性。

意志的自觉性，就是指能深刻地认识行动目的的正确性和重要性，并主动地支配自己的行动使之符合于该目的的意志品质。

具有自觉性的人，不用别人暗示和督促就能独立地发现问题，按照自然界和社会发展规律提出自己行动的目的，并主动地使自己的行动服从目的。许穆夫人正是根据祖国遭难的客观现实，独立地确定了行动目的，并在行动中排除各种干扰和阻碍，使自己的行动始终如一地服从于自己的目的。她的行动既不是鲁莽行动，也没有盲目附和他人，很好地表现出自觉性和独立性的意志品质。

在中国革命的历史上，无数革命先烈，在极端困难和残酷的环境中，自觉投身革命，自愿地为人民利益而斗争，以至必要时毫不踌躇地献出自己的一切乃至生命，这都充分体现了意志的自觉性品质。

有自觉性的人，相信自己的目的是正确而重要的，行动的前途是光明的，因此，就能把自己的热情和力量都投入到行动中去，即使遇到阻碍，也绝不气馁，绝不动摇，总是千方百计地去克服困难，坚决执行决定，直到最后胜利。

有自觉性的人同时也具有独立自主性。这样的人既能倾听和接受他人的合理建议，又能坚持真理，信守原则，排除干扰，不盲从他人。

有自觉性的人又具有高度的纪律性。严格遵守纪律是自觉性的表现。自觉性不仅表现在为祖国为人民而勤奋工作和学习上，还表现在以社会道德准则来规范自己的生活上。这就需要自觉地遵守纪律。

自觉性的高低取决于预定目的的社会意义的大小，目的的社会意义越大，人的自觉性越高。

自觉性是良好的意志品质，与此相反的不良的意志品质是什么？

一个是受暗示性（或叫盲从性），是指一个人容易受他人的暗示和影响而改变自己的决定的意志特征。具有受暗示性的人，往往表现为轻信他人的言辞，不管别人意见是否真正正确，不加批判地接受他人的影响，自己没有主见。

寓言故事《抬驴子走路的人》就绝妙地嘲笑了这种人。故事的大意是：祖孙俩赶着驴子去赶集，碰到的第一个人说：“你们真傻，怎么不骑驴赶路？”爷爷就让孙子骑到驴背上。碰到的第二个人是一位先生，他说：“应该孝敬老人，小孩子应该把驴让给爷爷骑。”祖孙就换了个，爷爷骑到驴背上。碰到的第三个人是一位老太婆，她说：“你这么大人怎么让孩子走，自己却骑到驴背上？”爷爷就想让孙子再骑上去。可是，一个说该爷爷骑，一个说该孙子骑，如何是好？没有办法，祖孙俩一齐骑在了驴背上。可是又碰到了第四个人，这是一位老农，他说：“你还是庄稼人吗？两个人骑着驴，还不把驴累坏了？”这下可把老爷爷难坏了：爷爷骑驴有人说不对，孙子骑驴也有人说不对，祖孙都不骑有人说不对，祖孙俩都骑也有人说不对，这可怎么办？思来想去只有一个办法了——抬着驴子吧。抬着驴子走进城里，大家见了更是摇头，真让这抬着驴子走路的人不知如何是好了！

寓言自然当不得真。但现实生活中的确不乏这种毫无主见极端盲从，最后迷失了自我的人。

与自觉性相反的另一个不良的意志品质是独断性。独断性是指对于他人的意见或劝告不论对与不对、有无参考价值，一概加以拒绝；对于自己的决定总认为是百分之百正确，不顾客观条件的变化，一意孤行。

从表面来看，独断性似乎与受暗示性正好相反，容易被误认为是自觉性、独立性的表现而被人给予肯定。其实，独断性与受暗示性实质上是一样的，都是缺乏自觉性、独立性的表现。

意志坚韧，成就不凡

坚韧勇敢，是所有伟人的共同特征。没有坚韧品质的人，不敢抓住机会，不敢冒险，一遇困难，便会自动退缩；一获小小成就，便感到满足。坚韧也是意志力行动中表现出来的一种心理特征。

魏特利认为，在所有成功的要素中，一个人的性格是否坚韧至关重要。

秉性坚韧，是成大事立大业者的特征。这些人获得巨大的成就，也许没有其他卓越品质的辅助，但肯定少不了坚韧的特性。坚韧使从事苦力者不厌恶劳动，使终日劳碌者不感到疲倦，使生活困难者不感到沮丧，从而使他们战胜困难，走向成功。

以坚韧为资本而终获成功的人，比以金钱为资本而获得成功的人要多得多。人类历史上所有成功者的故事都足以说明：坚韧是克服贫穷的最好药方。

已故的克雷吉夫人说过："美国人成功的秘诀，就是不怕失败。他们在事业上竭尽全力，毫不顾忌失败，即使失败也会卷土重来，并立下比以前更坚韧的决心，努力奋斗，直至成功。"

有些人遭到了一次失败，便把它看成拿破仑的滑铁卢，从此失去勇气，一蹶不振。可是，在另一些人的眼里，却没有所谓的滑铁卢——他们即使失败，也不以一时失败为最后结局，还会继续奋斗，在每次遭到失败后，他们会笑容可掬地重新站起，比以前更有决心地向前努力，不达目的决不罢休。

历史上许多伟大的成功者，都是由于坚韧而造就的。世界上一切伟大的事业，都在坚韧勇敢者的掌握之中——当别人开始放弃、无法再做时，他们却仍然坚定地去做，直到成功。

魏特利告诫人们：坚韧不拔、持之以恒是一切成功者的美德。

成功最致命的敌人，便是碰到困难时心理意志的流失。其实，生活中难免碰到困难，我们只要有战胜它的意志和信心，那么它便不再可怕。一般人处于逆境之时，往往会让恐惧、怀疑、失望的思想来捣乱，从而丧失了自己的意志，以至于使自己多年以来的计划毁于一旦。因此，对于一般人来说，应当注意在逆境中、在困难时有意识地挖掘、培养意志力。

每隔一段时间，总有人从百老汇大排长龙的寻找职业的人群中脱颖而出，然后又风靡百老汇。但是，风靡百老汇不是一朝一夕就可以成功的。只有在一个人拒绝就此罢休之后，百老汇才会用金钱回报，认同其天赋才华。

在芬妮·赫斯特的奋斗史里，就有这样一则故事：

芬妮·赫斯特1915年来到纽约，她要在这里化写作为财富。然而，转化并没有在一夕之间成功，而是历经了4年之久。赫斯特小姐踩遍了纽约人行道，夜以继日地工作并怀抱梦想。当希望变得暗淡的时候，她没有说“好吧！百老汇，算你赢了”，而是说“很好，百老汇，你可能打倒不少人，不过，那可不是我！我会逼你放弃”。

在她能有一篇故事刊登在周六晚邮报之前，该报已退了她36次稿。一般作家和其他人都一样，碰到第一次退稿，就会放弃了。而她却没有放弃，坚持4年向该报投稿。

之后，回报来了，魔咒一下子解除了，出版商络绎不绝地往来于她家大门。然后是拍电影的人邀请她写剧本，她收获了成功，也收获了金钱。

你可以由此看出坚强的意志力可以使人办到什么事。芬妮·赫斯特不是特例，任何人若累积了大笔财富，你都可以一口咬定此人必定坚韧不拔。百老汇可以给任何一位乞丐一杯咖啡和一块三明治，但百老汇要求那些想做大赢家的人必须坚韧不拔。

如果一个人失去了坚韧的品格，则他必然会沉沦在失败的苦海之中，一蹶不振。人若是畏惧失败，丧失与困难作斗争的不屈品行，也就必当丧失人生的辉煌。人拥有了坚韧的品质，再坎坷的人生，也会塑造传奇。

有这么一个人。在他19岁那年，一次滑雪，他与朋友做游戏，要从朋友张开的双腿间滑过去，结果却撞在了朋友的身体上，折断了脖子，导致颈以下全身瘫痪。自此以后，这个高大英俊的青年变成了一个只能摇头的残疾者，终生依靠轮椅生活。

再说第二个人，他会驾驶汽车，会开轮船，并且还成了飞行员。能自由驾驶飞机在空中翱翔。当他33岁的时候，竞选温哥华市议员，成功了。在连续做了12年市议员后，他又被温哥华市民推上了市长的宝座。

还有第三个人，他是工商管理硕士，是多个非营利助残团体的创建人，是多种助残设备的发明人，还是加拿大勋章获得者。他热心社会公益事业，走到哪里都能受到众人的欢迎。

以上这三个人怎么样？单说某一个人也没什么，可是如果说这三个人其实就是一个人，那就很富传奇色彩了。事实上，他们原本就是同一个人——加拿大的萨姆·苏利文，一个不折不扣的传奇人物。

苏利文是如何由一个重症残疾人变成一个奇人的呢？

在折断脖子后的几年里，待在家里的苏利文陷入了选择生还是死的挣扎中。他把受伤前打工赚的钱都取了出来，买了辆专门为残疾人设计的汽车。为了不让父母太伤心，他设计了开车坠崖这种自杀方式，所幸的是，他的几次“坠崖练车”都没有成功。此后，要强的苏利文不忍再拖累两位老人，便坚持离开了家，搬到了一个半公益半营利性的公寓。

一天晚上，苏利文又一次独自在房间中品味绝望的痛苦。他盯着空白的四壁，感觉自己的生命就像它们一样空虚。他坐着轮椅来到户外，看到远处的城区正掩映在落日的余晖中。他想那里有沸腾的生命活力，人们正在摇动着生活风帆向前航行。此刻，苏利文忽然想到自己的大脑很好用，也能够独立吃饭穿衣，甚至还能微笑。苏利文决心要成为他们中的一员，“我也要做一个完整的人，我要工作。”苏利文此时对自己说道，“受伤前我有十亿个机会，而现在我还有五亿个。”从那一刻起，一个新的萨姆·苏利文诞生了。

从那以后，苏利文广泛涉猎知识，勇于挑战生活。他不但学会了驾驶飞机，而且还教会了另外20位残疾人飞行。由于温哥华的华人超过三分之一，在加拿大土生土长的苏利文还学会了中国广东话，这在他以后的竞选中收效奇特。苏利文一讲广东话，就会得到华人的掌声和鼓励。市长选举中，华人几乎把选票都投给了苏利文。

是什么神秘的力量将这传奇经历赋予萨姆·苏利文？答案是不屈不挠地与生活抗争的精神，这是一种坚韧的品质。他曾说过：一个人能走多远取决于他面对挑战时的表现，这与他是否坐轮椅无关。

成功是有前提的，那就是必须要在逆境中坚韧地与失败抗争。爱迪生取得了成功，然而桑提亚哥的故事却没有结局。但是他这种无畏不屈的精神，最终必将给他带来胜利的果实。当我们在面临命运考验的时候，要冷静地去面对它，这样会让我们成为一个更有毅力，意志力更坚强的人。一定要永远记住，百折不挠的坚韧品格是走向成功的基石，这是一种博大的精神。

刚毅性格，强者风范

刚毅可以说是成功者必备的一种性格，也是意志坚强的人在行动中表现出来的一种性格，刚毅型性格的人可能给人一种强者的感觉，而且在为人处世的过程中给人一种强者风范、果敢坚定的印象，刚毅的性格能让人面对困难而不退缩，面对成功而保持冷静。因此，培养刚毅的品质是尤为重要的。

刚毅是一种力量美和沧桑美，刚毅是不屈不挠的精神和自信性格的完美结合的体现。刚毅的性格也往往是造就强者的性格。

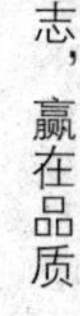

刚毅性格是刚与毅的结合，它具有钢铁般的坚硬，又具有坚强持久的意志力。这类性格的内涵是勇猛而顽强，果断而自信，直而不肆，光而不耀，而且不屈不挠，执著而坚定，有种不达目的不罢休的霸气。

刚毅性格与坚忍性格一样都具备了阴与阳两大元素，坚忍性格偏重于韧而柔，因而阴的成分较重；而刚毅性格偏重于刚而硬，因而阳的成分较重。尽管它们有重阴重阳之分，但在本质上却是相同的，就像是水，坚忍性格是滴水穿石，它的特点在于锲而不舍，千年如一日；刚毅性格则是滚滚长江，无坚不摧，势不可挡。

鲁迅说过：“伟大的胸怀，应该表现出这样的气概——用笑脸来迎接悲惨的命运，用百倍的勇气来应对自己的不幸。”只有这样，才能铸就刚性人生，练就强者风范。

左宗棠是清末著名的大臣，他曾主持洋务运动，出兵新疆，收复伊犁。他为人处世秉性刚毅。左宗棠曾在曾国藩手下做“幕僚”，但常常与曾国藩意见不合。曾国藩曾出一上联讽喻左宗棠说：“季子何言高，与我意见大相左。”因左宗棠字季高，故联语中嵌其字以示嘲笑。左宗棠也毫不示弱，立即回敬一联：“藩臣堪误国，问他经济又何曾？”联中也嵌入了曾国藩的名字，并贬低了曾国藩的才能。当时，左宗棠官小位卑，敢如此言语，可见其性格刚毅不屈。

左宗棠这种刚毅不屈的天性，即使在面对洋人时也表现得淋漓尽致。一次朝会，美国公使威妥玛高居上座，左宗棠一见便怒火中烧，毫不留情地指责道：“这是王爷的座位，我都得坐在下面，你凭什么坐在那里？”这使得傲气凌人的威妥玛羞怒交加，但面对一身刚毅的左宗棠也只能作罢。

一个内心刚毅的人是不会轻言放弃的，而且他们面临困难和挑战时也永远只有勇往直前，他们天不怕地不怕的架势也正是他们刚毅性格的最佳写照。一般而言，刚毅的性格多见于男性，它能体现出男性阳刚的一面，将男儿之气展现得淋漓尽致。

当然，刚毅型性格在女性身上也有所体现，这使得女性除了具有阴柔的一面以外还有刚强的另一面。英国前首相撒切尔夫人就是一位阴柔与刚强兼得的女性。她被人称为“铁娘子”，性格果断刚毅、从不轻易妥协，工作起来废寝忘食。在她从政期间，她的坚强、刚毅以及超强的自制力是所有人有目共睹的。在竞选失利的情况下，她仍然不改刚毅的个性，从不在众人面前流泪，尽力维护自己的尊严，用超强的自我控制力完成了最后的演讲。面对失败的局面，她和其他人一样觉得沮丧、痛苦，但是她在得失面前仍然能够保持自己政治家的形象，不能不说是她刚毅的性格在起着关键的作用。

刚毅的性格是一种刚强、硬气、有血性的性格。刚毅型性格的人，勇敢顽强，铁骨铮铮、无坚不摧、无往不胜。面对困难和挫折，他们绝不轻言放弃，更不会狼狈退却，而是凭借刚毅的性格知难而进，越挫越勇。他们拥有一般人没有的、令人羡慕的坚强精神。

拥有这种性格的人，能够很好地把握住自己的命运。因为具有这种坚韧的意志，所以才能走过艰难、走过坎坷，并且获得最终的成功。

我国的四大电子信息公司之一华为的创办者任正非就是具有刚毅性格的典型代表，可以说，不仅他的成功是一个传奇，他的性格更是一个传奇。

任正非出生于一个知识分子家庭，虽然家里的经济条件不是很好，但无论多么困难，他的父母都会节衣缩食供孩子读书，在这样的家庭教育下，使任正非的性格非常刚毅。他没有辜负父母的期望，考上了

重庆邮电大学。在上大学期间，正是文化大革命盛行之时，学校教育一塌糊涂。然而，任正非凭借自己刚毅的性格，不仅自学了所有的大学课程，而且还涉足了许多逻辑和哲学方面的知识。更令人惊叹的是，他还自学了三门外语。青年时期的刚毅性格是他能学有所成的基础。

大学毕业后，任正非工作于军队的一个研究单位，军队中的磨练更加锻炼和巩固了他宠辱不惊的刚毅性格。在他43岁的时候，作为一名退役的部队干部，他在深圳创建了一家公司，这家公司就是现在连续多年被评为中国电子信息榜首的华为公司。

我们都知道，万事开头难。创业初期困难重重，各种状况、各种压力和各种挑战扑面而来。面对这些，任正非性格中的刚毅、勇于冒险的精神，支撑着他排除万难，不断前进。当然，像任正非这样的民营企业家还有很多，我们从他们身上都能够看到刚毅的影子，他们的脊梁比普通人都要硬，他们不怕吃苦受累，百折不挠，这些优点和品质正是做大事者所必须具备的。尽管在初期的时候，公司的赢利状况并不尽如人意，但是刚毅性格的任正非并没有退缩，他要将华为变成中国的代表性民族产业，开拓海外市场，与国外同行相抗衡。

现在，华为在技术上的水平，已经得到国内外的一致认可，欧洲、美国都十分看重华为在中国通讯行业的技术引领作用。如今的华为已经在东欧、中亚、西非、东南亚等很多地区都开拓了市场，成为了一个不仅在国内很强大，在国外也能代表国家的大型民族企业，这一系列的成功和失败，都使得任正非的性格变得越来越刚毅，而我们也相信，今后的华为将会在他的带领下发展得越来越好。

作为一个普通人，为了获得成功，即使不是像任正非一样的大成功，也要拥有刚毅的性格，只有具有这种坚韧的意志，才能走过艰难、走过坎坷，并且获得最终的成功。

进取精神，驶向成功

进取精神是指人生在世，应当不断地发展自己，不断地丰富自己。在眼界上，努力求取新的知识，思考新的问题；在事业上，努力争取年年有发展和增长。换句话说，不满足于现状，不断否定自己，不断超越自己，不断给自己树立新的目标。进取精神也是意志品质的体现。

进取精神是一种积极心态，对于每一个人，表现为对自己眼前的成果不满。环境好，工作条件优越，业绩也不错，但不能就此驻足不前，要继续努力获取更大的成就。至于环境不好、生活困苦、工作条件恶劣、业绩不佳，则更应奋起抗争，改变自己的生存环境，为求得成功不懈努力。所以说，进取的积极心态对于每个人而言都是应该具备的，这样才能赢得成功的人生。

不论你做的是什么事情，如果做到了这一点，你就可以感到满足，你便是个成功者。

如果说成功就是把能力最大限度地发挥出来，那么，成功是没有止境的，成功后你就不会停留在顶端，而是在成功之后取得更大的成功。

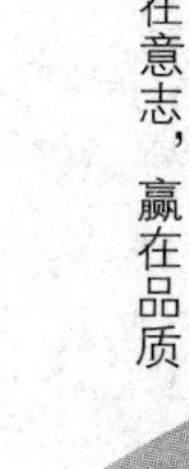

爱因斯坦曾经说过："如果有谁自己标榜为真理和知识的裁判官，他就会被神的笑声所覆灭。"也就是说，尽管你已经取得了巨大成功，但也不能自满，不能生活在曾经的光环之下。成功不是人生停留的归宿，也不允许昨天的成功影响今天的工作。生活的真谛在于不断地奔跑，不断地超越自己的事业，而不在于成功目的的实现。

让自己成长，不断成长，不论是精神或职业上，或是人际关系上，以过去伟大的人当模范。牛顿说："如果我看得比其他人远，那是因为我站在巨人的肩膀上。"

进取心是一种极为珍贵的美德，它能促使一个人做他自己应该做的事，而不是在被动的状态下接受任务。胡巴特说："这个世界愿对一件事情赠予大奖，包括金钱和荣誉，那就是'进取心'。"

当一个人的进取心达到不可遏止的时候，他的成功便会具有必然性。拿破仑·希尔认为：进取心是一个成功人士首先必须具备的品质。

施罗德出生在一个贫民家庭。在他出生后的第三天，父亲就去世了。母亲为了维持一家的生计，日夜操劳，带着他们姐弟两人，一家人相依为命。

然而，他们的生活依旧很艰难，甚至欠下了很多债务。有一天，债主上门讨债，母亲抱头痛哭。小施罗德拍着母亲的肩膀安慰她说："别伤心，妈妈，总有一天我会开着奔驰车来接你的！"40年后，施罗德的话兑现了。他担任了下萨克森州总理，开着奔驰车把母亲接到一家大饭店，为老人家庆祝80岁生日。

1950年，施罗德上学了。因交不起学费，初中毕业他就到一家零售店当了学徒。贫穷带来的被轻视和被人瞧不起，使他立志要改变自己的人生："我一定要从这里走出去。"他开始想学习，也在寻找机会。

1962年，他辞去了店员之职，到一家夜校学习。他一边学习，一边到建筑工地当清洁工。

四年夜校结业后，1966年他进入了哥延根大学夜校学习法律，圆了上大学的梦。

毕业之后，他当了律师。32岁时，他当上了汉诺威霍尔律师事务所的合伙人。回顾自己的经历，他说，每个人都要通过自己的勤奋努力，而不是通过父母的金钱来使自己接受教育。这对个人的成长至关重要。

通过对法律的研究，他对政治产生了兴趣。他积极参加政党的集会，最终加入了社会民主党。此后，他逐渐崭露头角、步步提升。1969年，他担任哥延根地区的主席，1971年得到政界的肯定，1980年当选议员。1990年他当选为下萨克森州总理，并于1994年获得连任。政坛得志，没有使他放弃做联邦政治家的雄心。1998年10月，他成为联邦德国总理。

正是这种进取心激励着施罗德一步步向着自己的目标迈进。可以说，进取心是我们人生的支柱。进取心是一种神秘的力量，推动我们追逐自己的理想。人类的发展就像一条永无止境的河流，我们在进取心的推动作用下不停前进，在遇到困难时，进取心总是激励我们要为了更加美好的明天而奋斗。

梭罗说："你是否听说过这样的事：一个人以英勇的姿态、宽广的胸襟、真诚的信念和追求真理的决心行事处世，竟然没有任何收获？一个人穷尽毕生精力向着一个目标努力，竟然会一事无成？一个人始终有所期望、受到持久的激励，竟然无法使自己提升？难道这些努力会白费吗？"

自我激励使我们改变了自己身上存在的很多不良习惯，推动着我

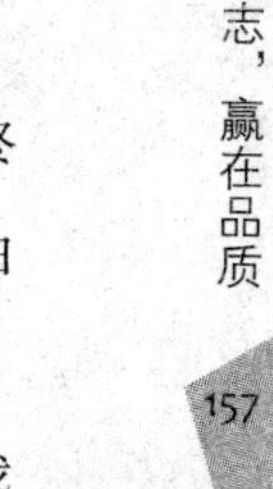

们向着更高目标迈进。进取心则是一股强大的自我激励力量，它能让我们的人生更加光明与美好。有了进取心，那些不良的习性就失去了滋生的环境和土壤，所以，要想根除这些不良品性，最好的方法就是铲除它们赖以生存的土壤，使那些高尚的品质在人们心中生根发芽。

如果我们的身体和精神土壤得不到足够的照料和滋养，那么追求上进和完美的种子就无法生长，反而会使野草、荆棘和有毒的东西繁殖蔓延。只要我们心中具备哪怕只是一种最微弱的进取心，它也会像天堂里的一颗种子，经过我们耐心的培育和扶植，它就会茁壮成长，直至开花、结果。

进取心不是一蹴而就的，它需要不断地培养，日积月累才能形成。有很多年轻人都将进取心看成是一种天生的品质，而后天的努力是难以增加这种品质的。而实际上，这种观点是大错特错的。即使是最伟大的雄心壮志，也会因为各种各样的原因而遭到损害。比如，拖延的毛病、避重就轻的习惯都会使一个人的雄心受到严重削弱。

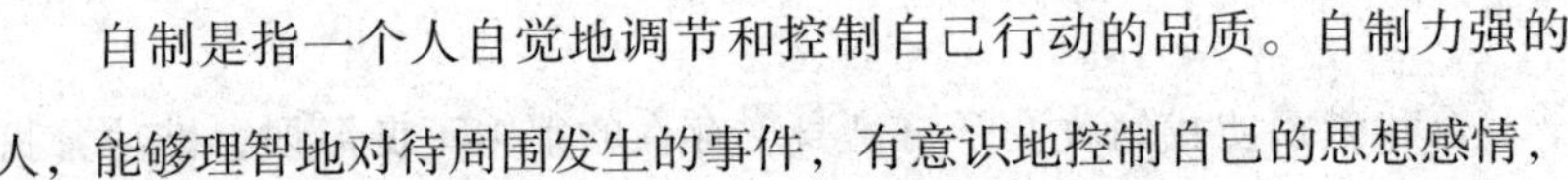

自我控制，磨炼意志

自制是指一个人自觉地调节和控制自己行动的品质。自制力强的人，能够理智地对待周围发生的事件，有意识地控制自己的思想感情，约束自己的行为，成为驾驭现实的主人。

自觉地调节作用，表现为发动行动和制止行动两个方面。所谓发动行动是指激励和推动人们去从事达到预定目标所必需的行动。所谓制止行动是指抑制和阻止不符合预定目标的行动，这两者是对立统一的。

一个人在事业上的成功需要有坚强的自制力品质。

一个人在集中精力完成某项特殊任务时，在自制力的作用下，能排除干扰，抑制那些不必要的活动。

在自制力的调节下，能够帮助人选择正确的活动动机，调整行动目标和行动计划。

威尔在年轻时有很多坏毛病，比如不能自制、极易愤怒等等，然而他也是一个富有青春活力的人，这种青春活力在很大程度上被他用在恶作剧上。所以，在当地，人们都认为他是一个极爱惹事的人。就在他即将走向歧路之时，一种叫做加尔文派基督教的宗教却适时地抑制了他的倔强性格，并使他无条件服从这个宗教铁一般的纪律。如此一来，他的青春活力与蓬勃激情就有了一个正确的方向，他不再搞恶作剧，而是将其朝气蓬勃的青春激情投入到公共生活中去，并最终使他成为英国历史上极有影响的人物之一。

自制力强的人，能理智地控制自己的欲望，分清轻重缓急，然后再去满足那些社会要求和个人身心发展所必需的欲望，对不正当的欲望则坚决予以抛弃。

作家李准在其《两个青年人的故事》中曾经描述过这样的故事：“杨乐到了北大数学系后，学习更努力了。他和张广厚每天学习演算12小时，他们没有过过星期天，没有过过节假日。‘香山的红叶红了’，让它红吧，我们要演算。‘中山公园的菊花展览漂亮极了’，让它漂亮吧，我们要学习。‘十三陵发现了地下宫殿’，真不错，可是得占半天时间，割爱吧。‘给你一张国际足球比赛的入场券’，真是机会难得，怎么办？牺牲了吧，还是看我们案头上的数学竞赛题吧！”我们可以看出，杨乐、张广厚在强烈事业心的召唤下，多次克制了游览的冲动，这为他们在数学领域中获得重大的成就创造了条件。

自制力强的人，处在危险和紧张状态时，不轻易为激情和冲动所支配，不意气用事，能够保持镇定，克制内心的恐惧和紧张，做到临危不惧、忙而不乱。

自制力强的人，在崇高理想的支配下，能够忍耐克己，为事业、为社会做出惊天动地的大事。邱少云在侦察敌情时，为了不暴露目标，忍受着烈火烧身的痛苦，直至英勇献身。这是高度自制力的光辉典范。

自制力薄弱的人遇事不冷静，不能控制激情和冲动，处理问题不顾后果、任性、冒失。这种人易被诱因干扰而动摇，或惊慌失措。

想想看有这样一个人，他总是经常表露自己的想法——要成为宇宙中所有力量的主人，而实际上他却最终给微不足道的力量让了路！想想看他正准备从理性的宝座上走下来，并暂时地承认自己算不上一个真正的人，承认自己对控制自己行为的无能，并让他自己表现出一些卑微和低下的特征，去说一些粗暴和不公正的话。

由于缺少自制美德的修炼，我们许多成年人还没有学会去避免那伤人的粗暴脾气和咄咄逼人的言辞。

不能控制自己的人就像一个没有罗盘的水手，他处在任何一阵突然刮起的狂风的左右之下。每一次激情澎湃的风暴，每一种不负责任的思想，都可以把他推到这里或那里，使他偏离原来的轨道，并使他无法达到期望中的目标。

自我控制的能力是高尚品格的重要组成部分。能镇定地注视一个人的眼睛，在极为愤怒的情况下也能够克制自己的脾气，这会使人产生一种巨大的无法比拟的力量。人们会认为，你始终是自己的主人，能够随时随地控制自己的言行，这将会给你高贵品格的塑造带来一种强大的力量，有助于品格的全面完善，而这是其他任何事物做不到的。

这种做自己主人的思想总是很积极的。而那些只有在自己乐意这样做，或对某件事特别感兴趣时才能控制思想的人，永远不会获得任何大的成就。那种真正的成功者，应该在所有时刻都能让他的思维来服从他的意志力。这样的人，才是自己情绪的真正主人；这样的人，他已经形成了强大的精神力量，他的思维在压力最大的时候恰恰处于最巅峰的状态；这样的人，才是造物主所创造出来的理想人物，是人群中的领导者。

华人首富李嘉诚说："自制是修身立志成大事者必须具备的能力和条件，希望每个人都能做到自制。"

从本质上讲，自制就是你被迫行动前，有勇气自动去做你必须做的事情。自制通常与你不愿意去做但又不得不做的事情密切相连。所谓"制"就是一种规范，有时候人们的一些行为会违背规范或者说不愿意按照规范去做。举一个简单的例子，人们每天刷牙洗脸是一定要做的事情，但是当你下班后回到家疲惫不堪的时候，假如上床就睡，这就是一种违背规范、放纵自己的行为；假如你克服自己的疲惫和懒惰，坚持洗漱之后再睡，说明你具有很强的自制能力。人们的生活总不会是一帆风顺的，一些令人厌烦或阻碍行动的事情时有发生，在这种情况下，我们一定要有克服这种干扰的能力，经受住考验。

我们讲的自制通常有两种方式：一是说服自己去做应该做而不愿

做的事情；一是不做不能做、不应做而自己想做的事情。举个例子：你每天早晨都会早起锻炼身体，如果有一天天气特别寒冷，你想窝在被窝里睡懒觉，但你的自制力在告诉你要坚持、要克服，于是最终你还是坚持起来锻炼，这就属于前者。再比如，你喜欢抽烟，但到了一个禁止抽烟的地方，你必须强忍住内心的欲望不抽烟。

一般情况下，自制和意志是紧密相连的，意志薄弱者，自制能力较差；意志顽强者，自制能力较强。加强自制也就是磨炼意志的过程。

自制对于个人的事业，发挥着重要的作用，加强自制有助于磨砺心志，有助于良好品性的形成，会使人走向成功。

一个商人需要一个小伙计，他在商店里的窗户上贴了一张独特的广告："招聘一位能自我克制的男士。每星期4美元，合适者可以拿6美元。""自我克制"这个术语在村里引起了议论，这有点不平常。这引起了男孩们的思考，也引起了父母们的思考。这自然引来了众多求职者。

每个求职者都要经过一个特别的考试。

"能阅读吗？孩子。"

"能，先生。"

"你能读一读这一段吗？"他把一张报纸放在男孩的面前。

"可以，先生。"

"你能一刻不停顿地朗读吗？"

"可以，先生。"

"那好，请跟我走。"商人将这个求职者带到办公室，然后关上门。他让那个男孩再次读这张报纸，报纸上有他答应要连续不间断地读完的那段文字。在刚开始读的时候，商人将6只小狗放了出来，小狗跑到男孩的脚边，不停地嬉戏。男孩不禁低头看了一下那几只可爱的小

狗。因为阅读的思路被打断，男孩再次读的时候却忘记了从何开始读，于是他读错了。显然，他失去了这次机会。

就这样，商人打发了70个男孩。终于，有个男孩不受诱惑一口气读完了，商人很高兴。他们之间有这样一段对话：

商人问："你在读书的时候没有注意到你脚边的小狗吗？"

男孩回答道："对，先生。"

"我想你应该知道它们的存在，对吗？"

"对，先生。"

"那么，为什么你不看一看它们？"

"因为我告诉过您我要不停顿地读完这一段。"

"你总是遵守你的诺言吗？"

"的确是，我总是努力地去做，先生。"

商人在办公室里走着，突然高兴地说道："你就是我要的人。明早7点钟来，你每周的工资是6美元。我相信你大有发展前途。"男孩的发展的确如商人所说。

克制自己是成功的基本要素之一。太多的人不能克制自己，不能把自己的精力投入到他们的工作中，完成自己伟大的使命。这可以解释成功者和失败者之间的区别。

拿破仑·希尔曾经对美国各监狱的16万名成年犯人做过一项调查，结果他发现了一个令人惊讶的事实：这些人之所以身陷牢狱，有99%的人是因为缺乏必要的自制，没有理智，从不约束自己的行为，以致走向犯罪的深渊。

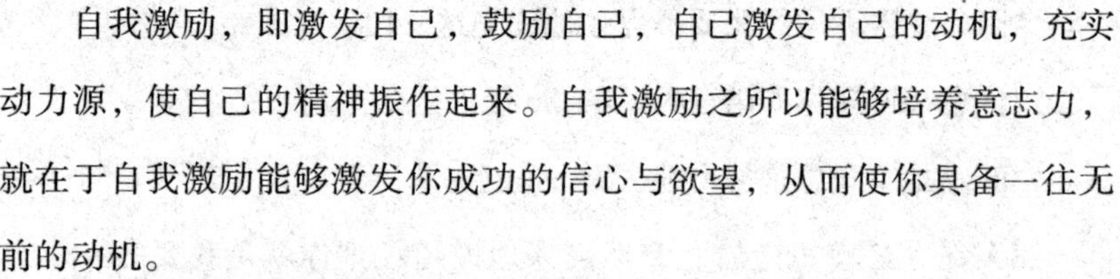

自我激励，充实动力

自我激励，即激发自己，鼓励自己，自己激发自己的动机，充实动力源，使自己的精神振作起来。自我激励之所以能够培养意志力，就在于自我激励能够激发你成功的信心与欲望，从而使你具备一往无前的动机。

自我激励是激励的一种。有没有激励，人朝目标前进的动力是很不一样的。美国心理学家詹姆士的研究表明，一个没有受到激励的人，仅能发挥其能力的20%—30%，而当他受到激励时，其能力可以发挥出90%，相当于前者的3—4倍。可见，自我激励不仅对培养意志力有重大帮助，而且对开发潜能也大有影响。

在美国历史上，意志最坚定的领导人非富兰克林·罗斯福莫属了。然而，这位政治家并不是天生就是这样意志坚定的。罗斯福在幼年时患有非常严重的哮喘病，身体相当虚弱，甚至难以吹灭点燃的蜡烛。罗斯福时常这样形容自己的童年：“一个体弱多病的男孩”和“一段悲惨的时光”。罗斯福小的时候视力也不好，身体瘦弱得就连他的父母都不能确定他能否可以活下去。然而，罗斯福最终还是活了下来，而且活得异常精彩，其中给予他重要力量的就是自我激励！

幼年的罗斯福胆子非常小，几乎总能见到他一脸的惊恐表情。罗斯福心理素质也不好，天生紧张，每次被老师叫起背诵课文时，他总是紧张得全身发抖，甚至说不出话来。通常在这种情况下，其他小朋友一定会拒绝参加各种活动，不与人交流，没有朋友，顾影自怜，唉声叹气。但是，小罗斯福并非如此，容易紧张是他的缺点，但是他敢于积极地面对自己的缺陷，在遭到同伴嘲笑的时候，他仍坚定地告诉自己："只要我用力地咬紧牙床，阻止它们颤动，不久我就能克服紧张的情绪了！"

小罗斯福时常坚定地激励自己说："我一定要成为一个坚强的人！我一定要成为一个出色的人！"当看到其他小朋友精力充沛地参加各种活动时，他就鼓励自己一定要参加，无论是否有足够的体能，每个人都能从他的眼神里看到他坚定地想要成功的决心。每当恐惧来袭时，他会告诉自己说："我一定行！"久而久之，他的胆量越来越大，不再怯懦了，身体素质也在逐渐提高，正是他这种百折不挠的精神，使他敢于面对任何恐惧和困难。

罗斯福虽然貌不出众，但他喜欢交朋友，在他看来，交朋友是一件令人快乐的事。只要拥有一个乐观积极的态度，即使本身外在形貌并不好，也依然会吸引很多朋友与他交往，因为没有人是不喜欢快乐的。显而易见，每一个和他交流过的人都被他的热情、自信所感染，都乐于与他交朋友。

还没有上高中，罗斯福的身体素质就已经变得很好了，但他并没有因此而停止训练。他不断地激励自己说："以后还有更漫长、更艰辛的路要走，这需要旺盛的精力、健康的体魄。而这一切，源于每天的锻

炼。我一定要坚持锻炼！我一定要成为一个身体最棒的人！”接下来的日子里，无论学习有多忙、工作有多累，罗斯福都会抽出一定时间锻炼身体。

罗斯福对自我的激励贯穿了他的一生，也融入了他的日常活动中。即便是在总统任职期间，他仍然坚持自己的实践训练。在他入主白宫的那些日子里，就像罗斯福自己所说的那样：“我总是在下午尽量抽出几个小时进行体育锻炼——打网球、骑马，有时也行走在崎岖的乡间小路上。”在给朋友的一封信中，罗斯福写道：“今天上午，在白宫接待处，我与6000个人握手；下午，我与4个孩子以及他们的十几个表兄弟和朋友们一起痛快地骑马2小时。我们跨越栅栏，穿过山丘，一起在平地上飞奔。”

没有比脚更长的道路，没有比心更高的山峰。罗斯福正是凭着这种奋斗精神与自信，通过不断的自我激励，终于穿越了人生路上的沼泽地，征服了人生路上的最高峰，成为美国当时最坚强、最出色的政治家，荣获“诺贝尔和平奖”……

德国人力资源开发专家斯普林格在其所著的《激励的神话》一书中写道：“强烈的自我激励是成功的先决条件。”著名的美国黑人民权运动领袖马丁·路德·金也说过：“世界上所做的每一件事都是抱着希望而做成的。”事实上，正是这种高度的自我激励精神使罗斯福战胜了自我，征服了苦难，坚定不移地朝着自己的目标不断前进，最终，他确实实现了自己的目标。

自我激励的力量确实是无穷的。美国哈佛大学的威廉·詹姆斯研究证实：一个没有受过激励的人，仅能发挥其能力的20%—30%，而当他受到激励时，其能力可发挥至80%—90%，即一个人在通过充分的激励后，所发挥的作用相当于激励前的3—4倍。

1991年，一个名叫坎贝尔的女子开始了穿越非洲之旅，她独自越过森林、沙漠和旷地。当有人问她为什么能完成这令人难以想象的壮举时，她回答说：“因为我说过我能。”问她对谁说过这句话，她的回答是：“对自己说过。”

由此，我们不难看出：激励可以激发我们潜在的能力，还可以帮助我们战胜挫折。

自我暗示，一往无前

自我暗示也是在意志行动中表现出来的，和自我激励一样，自我暗示可以给自我以信心，同时暗示的内容本身就是你前进的动力与方向，所以自我暗示可以让你鼓起勇气，一往无前，由此你获得了战胜自我，特别是战胜内心恐惧感的强大意志力。

暗示在我们的日常生活中，是既常见又具有魔力的心理现象。它是人或环境以不明显的方式向个体发出信息，个体无意中接受了这种信息，从而使自己的情绪和意志做出相应反应的一种心理现象。最经典的例子就是三国时曹操的部队在行军路上，由于天气炎热，士兵都口干舌燥，曹操见此情景，大声对士兵说：“前面有梅林。”士兵一听精神大

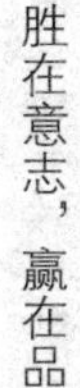

振，并且立刻口生唾液。这是曹操巧妙地运用了“望梅止渴”的暗示，来鼓舞士气。

美国一位心理学家曾做过一个心理实验。有一天他带了一个人到课堂上对学生们说：“这位是德国著名的化学家，他正在实验一种新的化学物质，这种化学物质遇到空气蒸发之后会让人头晕，但是对人体并不会造成副作用。”于是，那位化学家由袋子里拿出一瓶液体，打开瓶盖后拿到每位学生的桌前晃了一下，并且用德文对学生们说话，心理学家翻译道：“觉得头晕的同学请举手。”有许多学生举起手来。

实验结束之后，心理学家对同学们说：“同学们，我们刚才所做的其实是一项心理实验，而非化学实验。这位先生是本校德语教研室的助教，并不是德国著名的化学家。所谓的化学物质只不过是一瓶蒸馏水而已。”

在日常生活中，人们的语言、行为、表情与动作等，都会起到暗示的作用。例如语言暗示，一句激励他人成功的话语，就是“好言一句”，会让人感到“三冬暖”；给人一句泄劲的话，可能是“恶语伤人”，会令人觉得“六月寒”。又如，表情、动作的暗示，一个斜视的目光，一个撇嘴的动作就会使接受暗示者感到受了污辱；一个用食指指尖指人的动作，就会显示出暗示者的素质低下；某人面部表情僵硬，就可能使他人感到不悦。长此以往，心境不佳，消极冷淡的表情积淀下来，不仅影响自己、影响他人，还会因此形成某种不良心态甚至导致某些生理的病变。

美国一个心理研究组织也做过一项实验。参与实验的是几个志愿者。专家们先测量志愿者每个人的握力平均为100磅，然后对他们施行催眠，告诉他们现在已经是浑身没劲，软弱无力。在这种催眠之下，再重新测量他们的握力时，其平均握力下降到60磅左右了。

专家们又做了一个相反的实验，在志愿者被催眠的状况下，给他们施以一种相反的暗示，告诉他们每个人都是十分强壮，并且力大无比。结果发现，他们的平均握力竟然达到了140磅。也就是说，他们的平均握力在瞬间增加了40%。

由此可见，心理暗示的力量是十分强大的。你如果心里总是觉得自己什么都不行，那你就永远不能成功，这种消沉意志会让你在困难面前畏首畏尾。你就总会有这样的想法："反正我不行，再怎么做都没用"，也就不会为了成功而付出任何努力了。当然，这就已经注定了一个失败的结局，而这失败的结局又成为你自我判断的一个标准，你会觉得自己真的不行。这样恶性循环下去，你最初可能仅仅是出于胆怯或是谦虚而认为自己不行，到最后就真的变成了事实，这种可笑的结局难道不正是"说不行就不行"吗?

所以，不要轻易断定自己这也不行那也不行。

心理学还有一个罗森塔尔效应。

1960年，罗森塔尔博士在加州一所学校做过一个著名的实验——

新学期刚刚开始，罗森塔尔博士对学校的三位教师说："根据你们过去的教学表现，你们是本校最优秀的老师。因此，我们特意挑选了100名全校最聪明的学生组成三个班让你们来教。这些学生的智商比其他孩子都高，希望你们能让他们取得更好的成绩。"

老师们听后十分高兴，表示一定认真工作。校长也嘱咐他们，一定要像平常一样对待这些孩子，不要让孩子们知道他们是被特意挑选出来的，老师们都答应了。

一年之后，这三个班的学生成绩果然是名列前茅。此时，校长将

真相告诉了老师们：这些学生并非刻意选出的最聪明的学生，只不过是随机抽取的一般学生。老师们没想到会是这样，都认为自己的教学水平确实高。这时校长又告诉了他们另一个真相，那就是，他们也不是被特意挑选出的全校最优秀的教师，也不过是随机抽调的普通老师罢了。

这个结果正是博士所料到的：这三位教师都认为自己是最优秀的，并且学生也都是高智商的，因此对教学工作充满了信心，工作自然非常卖力，结果肯定非常好了。

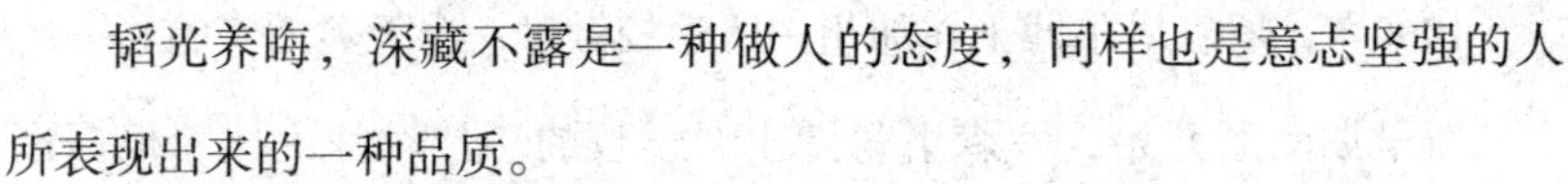

韬光养晦，成就大业

韬光养晦，深藏不露是一种做人的态度，同样也是意志坚强的人所表现出来的一种品质。

每个成功者都是身怀常人所不具有的品质和本领的人，但是却并不是每个成功者都会将自己的本领表现于众的，深藏不露同样是一个成功者具有的品质和出众的地方。

我国改革开放的总设计师邓小平曾经一再强调“我们要韬光养晦二十年，不可强出头”。确实，“韬光养晦”是一代伟人的人生智慧在治国中的运用。

每个人都有虚荣心，因此所谓虚怀若谷、深藏不露才显得是一种难能可贵的品质。锋芒毕露的人置身于众人的注视下，会招致更多的排挤和针对，也就面临着更大的压力和阻力。而深藏不露的人则能脱离众人的视线，没有阻碍地做自己的事情，因而一朝长鸣，便能一飞冲天。

大智若愚才是真正的智者。能够笑到最后的，往往是那些深藏不露的人。

宋仁宗时，宰相丁谓有两大绝招。一个绝招是把仁宗孤立起来，不让他和其他的臣僚接近。文武百官只能在正式朝会时见到仁宗，朝会一散，各自回家，谁也不准单独留下来和皇上交谈。第二个绝招是排除异己。凡是稍有头脑，不附和丁谓的执政大臣，丁谓一律把他从朝中赶走。丁谓则高踞于权势的顶峰，自以为稳如泰山，可以高枕无忧。

副宰相王曾，看在眼里，记在心里。他整天装做迷迷糊糊的憨厚样子。在宰相丁谓面前总是唯唯诺诺，从不发表与丁谓不同的意见，朝会散后，他也从不打算撇开丁谓去单独谒见皇上。日子久了，丁谓对他越来越放心，以至毫无戒备。

有一天，王曾装作因为侄儿要服兵役的事情而忧心忡忡，丁谓看到后便问他因为何事而如此担忧。王曾说了这件事情后，丁谓就说："这还不简单，你向皇上求情，免除你侄儿的兵役就是了"。听了这话，王曾依然装作很犹豫的样子，说因为个人的私事而去劳烦皇上是否不妥。如此，丁谓对他更加放松了戒备，于是便极力劝他去向皇上请求。因此王曾正是利用了这个机会，向皇上揭发了丁谓的种种罪行，最后协助皇上将不可一世的丁谓扳倒了。

蜀汉皇帝刘备有着同样的胸襟和智慧。东汉末年，曹操挟天子以令诸侯，势力很大。刘备虽贵为皇叔，却势单力薄，为防曹操谋害，不得不在住处的后园种菜，亲自浇灌，以为韬光养晦之计。

一天，曹操派人请刘备，刘备只得胆战心惊地前往曹府。曹操说，刚才看见园内枝头上的梅子青青的，想起以往的一件往事，今天见此梅，不可不赏，恰逢煮酒正熟，故邀尔到小亭一会。刘备随曹操来到小亭，只见已经摆好了各种酒器，盘内放置了青梅，于是就将青梅放在酒樽中煮起酒来了，二人对坐，开怀畅饮。

突然阴云密布，大雨将至。曹操大谈龙的品行，又将龙比作当世英雄，并问刘备让他说说当世英雄是谁。刘备装作胸无大志的样子，说了几个人，都被曹操否定。曹操此时正想打听刘备的心理活动，看他是否想称雄于世，于是说："夫英雄者，胸怀大志，腹有良谋，有包藏宇宙之机，吞吐天下之志者也。"刘备问，谁能当英雄呢？曹操单刀直入地说：当今天下英雄，只有你和我两个！刘备一听，吃了一惊，手中拿的筷子，也不知不觉地掉在地上。正巧突然下大雨，雷声大作，刘备灵机一动，从容地从地上拾起筷子，说是因为害怕打雷，才掉了筷子。曹操此时才放心地说，大丈夫也怕雷吗？刘备说，圣人对迅雷烈风也会失态，我还能不怕吗？刘备经过这样的掩饰，使曹操认为自己是个胸无大

志、胆小如鼠的庸人，曹操从此再也不怀疑刘备了。

刘备正是靠着韬光养晦，深藏不露的策略才没有在势力薄弱的时候遭到曹操的杀害。此后，刘备一直暗暗地积蓄力量，获得了众多能人名士的辅佐，最后成就了蜀国的帝王之业。

韬光养晦，一方面可以麻痹对手，使其放松警惕。这样你的奋斗和努力就会少了许多的压力和阻力，这样你就能在暗中不断地积累自己的力量，最终一鸣惊人；另一方面，可以使人养精蓄锐，不断地积蓄力量。在竞争比较激烈的情况下，韬光养晦显得尤其重要。这样你就不会在无谓的争斗中损耗力量，而能在暗中不断使自己壮大和变强，最终获得成功。

自我锤炼，塑造钢铁意志

人的意志力就如同一个充电电池，其放电的能量是由它的容量和它的疏导系统决定的。它可以积聚很多的能量，在一定的条件下能够释放出强大的电流。同样，人的意志力在某个事件或者某种特殊的情况下也能产生强大的能量，指引人们不断进步。所以，如果一个人能有意识地注意提升自己的意志，那么他将获得一种不可低估的力量。

铸造一：提升注意力

要想对意志力进行科学的训练，就必须以注意力的训练作为开端。注意力是精神发展的动力之一。注意力是我们获取精神生活的原始素材，是最普通的探索工具。然而，能充分注意到自己的感觉、又能很好地利用自己感觉器官的人确实是太少了。这是被人们忽视的一大领域。

注意力是指有意识地将自己的全部思想长时间地集中到某一事物或某些事物上的能力，它是形成智商的重要因素之一。成功的人一般都具有很强的注意力，他们对自己的人生和事业更加专注和执著。一般情况下，良好的注意力首先在于注意力的范围的大小，也就是说注意力在同一时间内所能关注事物的数量，或者说在同一时间里能关注到多少问题的出现。注意力如果被有效控制，那么它就能根据我们的需要，帮助我们观察事物、思考问题，进而提高我们的智能水平。注意力的集中与稳定是深入认识客观事物、提高工作效率的必要条件。

然而，在很多情况下，我们被一个丰富多彩、纷繁复杂的世界所诱惑，各种感官刺激物分散了我们的注意力，妨碍了它的指向性和稳定性，从而影响了我们对某一特定事物的判断和深入的了解。所以，我们必须加强注意力的调控能力。

要想自己的注意力有所加强，不妨试试下面几种训练方法：

1. 让自己处于安静的状态下。利用意志力，将所有的胡思乱想全部抛到脑后，尽可能地让大脑保持较长时间的空白。如果不能坚持很长时间也没有关系，只要坚持下去一定会有成效。

利用这种方法训练之后可以休息几次，然后再继续做。每天至少要做6次这样的练习，坚持10天，然后休息两天。要记得记录下练习的结果，这样你就可以看到自己是否有进步。意志一定会发挥无所不能的作用。

2. 仍然是使自己保持安静，坐下。大脑保持几秒钟的空白。然后立刻开始思考一件事情，排除任何其他干扰，把注意力全部长时间集中于这个问题上。要注意，这里并不是要你思考如何解决这个问题，而是要你把你的注意力全部集中在这个问题上，就像你目不转睛地盯着某个东西一样，把自己的视线和观察重点集中在它上面，只关注那一个东西。然后放松。

重复练习6次，把结果记录下来。每天坚持，一连10天，随后放松。然后观察一下自己意志力的进步程度。

3. 放纵自己的思想，让大脑天马行空一分钟。现在把你能回忆起来的支离破碎、零零星星的想法写下来。

如果继续把这些事情之间可能具有的内在联系找出来，你会发现看似漫无目的的大脑活动其实都可以找到可以解释的理由。一定要牢牢控制自己的思维活动。把这个练习重复做6次，连做10天，然后放松。第10天时比较一下记录的结果，你会注意到自己注意力有所提高。现

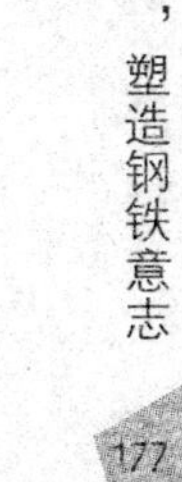

在，试着发现一些支配大脑无意识活动的一般规律。

4. 保持安静，静坐一分钟，让大脑保持分析思考的状态。不要想入非非，不要让不相关的思绪和感觉进入脑海。现在特意地顺着一条分析路线想下去，可以保持5分钟。根据记忆把结果写下来。

第10天时和以前的记录作比较，看看注意力有多大程度的提高。用想象力来进行这项练习，设想一幅画一种活动。

5. 要使你的决心更加坚定。现在思考一下你觉得生活中有可能实现的几个愿望，然后将全部思想集中到这个目标上。当然，不是要你思考如何实现，也不是要你下定决心克服所有困难。不要对成功以后的荣耀想入非非，因为那样会分散注意力。全力运用意志力来控制自己的意念。

重复做6次。至少坚持10天，然后休息。把志在必得的想法深深地根植在脑海里，在生活和行动中时时表现出来。使决心和意志成为自己稳固的个性特征，不但要有愿望而且还要投入情感和毅力。

6. 保持较长时间的静坐不动。现在需要你做几件事情，你可以选择在房间里走动或从书架上取一本书或依旧静坐。大约在5分钟内，你可能会多次冲动想做另一件事情。暂时不要理会这些念头的诱惑。现在作出决定，迅速而果断地选择自己究竟要做的事情。行动不要懒散磨蹭，决定不要只凭当时的冲动。迫使自己作出真正有效的决定，接着采取行动，就做这一件事情。

选择不同的事情至少做6次。要注意，在每次做事的时候，都要把意志力集中于每一个细节。始终保持自己对这件事情的注意力。这样持续做10天，然后休息。在10天结束的时候看看注意力和意志力有怎样的提高。

7. 首先将书籍、硬币等各种物品分开放置，然后将它们混合。再认真观察这些东西，根据相似性或相异性将它们重新排列。

这些东西的形状不同、颜色各异，把它们按照某种关系排列起来。然后看看排好之后的效果。可能是很糟糕的。为什么会是这个样子？如何才能让效果更好一些呢？你房间的布置和颜色有没有什么关系？从这个角度考虑会不会使排列效果更好一些？这样试一试。从相同性的角度重复排列几次。再从差异性出发重复排列几次。

在练习的时候要始终把自己的意念放在首位。每次练习用不同的顺序排列6次。坚持10天后停顿一下，10天后看看注意力的改善情况，以及自己安排这些东西的熟练和巧妙程度，与刚开始时是否有差别。

铸造二："炼"出意志力

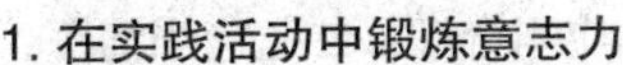

1. 在实践活动中锻炼意志力

美国著名小说家杰克·伦敦，在谈到自己的成功经历时说："意志不是与生俱来的，而是在参与实践的斗争中磨炼出来的。"

确实，人们都希望自己具有高尚的意志品质，但这并不是你想要就能立刻获得的，也不是闭门造车就可以创造出来的，重要的还是要通过实践培养。比如，要想学会游泳，就必须到水里去。同样，要想培养

强大的意志力，你就要根据自己的需要参加到各种实践中去。

一般来讲，一个人越是经历大风大浪，其意志品质越能得到锻炼。平静的生活能够使人安心，但是，如果生活总是波澜不惊、甚至是一潭死水，那它只能造就出更多软弱、无能之辈。在生活中，经历过惊涛骇浪考验的人，其意志力往往是很强大的。相反，在生活中没有经历过大风大浪磨练的人，则往往会表现得非常软弱，经不起一点儿挫折。波澜壮阔的伟大人生，要靠波澜壮阔的伟大实践来塑造。坚强无畏的意志，只会产生于久经生活磨炼和考验的那些人身上。

如果你要想培养自己坚毅果敢的意志力，你应该尽可能多地让自己参与实践活动，无论是学习，做家务，还是社会活动，都可以磨炼你的意志。

不过，无论是在哪一种实际活动中磨炼意志，我们都应注意以下几点：

（1）明确恰当的要求。也就是要明确意志锻炼的目标，以激发锻炼的积极性。给自己提出的要求：一是应当合理；二是应当简短；三是应当坚决；四是应当有系统性和连贯性，呈渐进的阶梯式。这样可以推动自己步步向前。

（2）把握好任务的难度。太容易的活动没有锻炼意志的意义，太困难的活动也会挫伤意志锻炼的积极性。所谓把握好难度，就是说需要完成的任务，应该既是困难的，又是力所能及的。

（3）尽量自主解决困难。在活动中遇到困难时，可以接受帮助和指导，但不要让别人代替自己克服困难。

（4）了解活动的结果。心理学的研究告诉我们，在练习活动中，是否知道练习过程中每一步的结果，最后的效果是不一样的。知道结果的效果好。所以，我们的意志锻炼活动中，应该了解每次锻炼活动的结果，这有助于增强锻炼的自觉性和积极性，提高意志锻炼的效果。

（5）利用活动的群体效应。意志锻炼的各种活动，可以以群体方式进行，在群体中，相互作用会影响活动者的意志力。

2. 在体育活动中磨砺坚强意志

一个人的意志品质与其身体素质是密切相关的。意志坚强的人会坚持锻炼身体，健康的体质对意志力的提高也具有很强的推动作用。人们在体育锻炼中，身体强壮了，精力也旺盛了，为人们勇于克服困难也奠定了良好的基础。日本曾经有学者对大学生的体力和意志的关系特意进行过观察，结果发现，身体素质较差的学生往往比较自卑，善于服从，独立性、自主性差。美国一位心理学家也做过一个实验，他们对一群体力强度差的中学生进行了为期一个月的体育锻炼。结果表明，这些学生不仅体力增强了，而且自制性、坚持性等意志品质，也有不同程度的提高。

国外有关专家的研究表明，一些项目的体育锻炼可以培养良好的性格品质。这些性格特征包括：决心、进取心、自信心、坚韧性、责任感、勇敢、果断性、主动性、独立性和自制力等。所以，要想培养良好的性格品质，我们不妨积极参加一些体育锻炼。不同体育锻炼项目有利于培养不同的性格特征。比如，足球、篮球和排球等运动项目，除了要求队员要勇于拼抢，果断处理各种紧急情况外，还要有集体主义精神，能够与队员积极地配合。而诸如棋类项目，则可以培养人的沉着冷静、灵活等性格品质。那么，不同运动项目可以培养哪些性格品质呢？有人总结了下表。

各项运动项目和性格特征

运动项目	主要品质	次要品质	更次要品质
骑自行车、游泳、划船、跑步、滑冰、滑雪	顽强性	自我控制、坚定性	主动性、独立性、果断性、勇敢
艺术体操、举重、田径、跳跃、投掷、花样滑冰、射击	顽强性、自我控制	勇敢	主动性、独立性、果断性
跳水、障碍、骑马、登山、摩托车、跳伞	勇敢、果断	勇敢、果断	主动性、独立性
球类运动	主动性、独立性	顽强、果断、勇敢	自我控制、坚定性
击剑、摔跤	主动性、独立性	果断、勇敢	自我控制、顽强、坚定性

青少年朋友每天尽量抽出一点时间，或早晨或下午，因地制宜，选择一项自己喜欢的运动项目，持之以恒，一方面可以锻炼身体，另一方面还可以塑造良好的性格特征，这是一举两得的事情，何乐而不为呢？

选择什么项目锻炼好呢？可根据自身及外界的条件选择那些对场地要求不高，经济、效果好的项目，如慢跑、短跑等田径项目，如果有条件，还可以选择篮球、排球、足球、羽毛球、网球和乒乓球等。无论选择哪个项目，最关键的问题是要能够持之以恒，切忌三天打鱼、两天晒网和心血来潮式的锻炼。不然，就很难收到良好的效果。

当然，除了选择适合自己的体育项目外，制订安全有效的锻炼计划也是至关重要的。在锻炼时应注意以下事项。

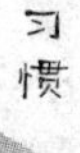

（1）当你在开始锻炼时必须身体健康。采用循序渐进的锻炼方

式，风险小回报大。如果你有一段时间没有进行锻炼了，那么开始时节奏要放慢，等身体状况跟得上时，再逐步延长锻炼时间，加快锻炼节奏。

（2）尽可能使运动既安全又舒适。要穿合脚的鞋和便于运动的衣服，一定要在安全的地方进行锻炼。

（3）锻炼要以自己舒适为度。比如，你可以在散步和慢跑时与他人交谈，气氛轻松和谐。开始锻炼的前10分钟内如果感觉不舒服，说明你的锻炼强度太大了。

（4）要养成常规的锻炼习惯。要获得最大的健康回报，持续不断地锻炼是很重要的。一定要把锻炼计划纳入日程中。

（5）此外，还需要注意的是，你所进行的活动一样要丰富多样。影响身体素质最重要的因素有肌肉及关节的灵活度、心肺耐受力、肌肉是否发达三个。如果你出于一定目的的需要，也可以加强某种活动的训练。比如，想要减肥的人，可以选择一些像跑步、打网球等消耗能量、强化肌肉的运动。当然，如果能把训练耐力的活动，与肌肉的锻炼相配合，那么你所消耗的脂肪比只做耐力训练的人多1／10。比较理想的状况是：平均每天活动30分钟左右。

除了规律运动外，即使无运动场地，也可以做简单的运动或体操。

（6）把锻炼身体当做生活的乐趣。你所选择的锻炼方法一定要安全舒适，并且使你能从中得到乐趣，这样你才能坚持下去。因此，锻炼身体一定要简单、方便而有新意，你才会愿意每天坚持锻炼。邀请朋友或家人一起锻炼的主意也不错，可以鼓励身边的人都来参与锻炼。

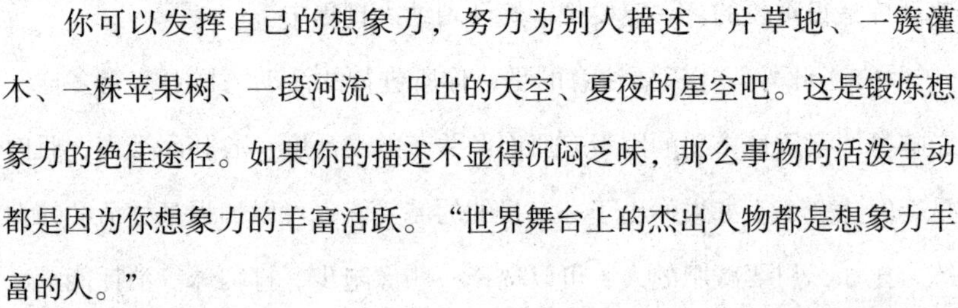

你可以发挥自己的想象力，努力为别人描述一片草地、一簇灌木、一株苹果树、一段河流、日出的天空、夏夜的星空吧。这是锻炼想象力的绝佳途径。如果你的描述不显得沉闷乏味，那么事物的活泼生动都是因为你想象力的丰富活跃。"世界舞台上的杰出人物都是想象力丰富的人。"

一个人的生活可以受潜意识的牵制，也可以受清醒意识和理智的控制，这决定了两种具有根本区别的生活方式。想象力在我们的生活中占据着不可替代的作用，在生活中我们需要培养想象力。然而，需要注意的是，想象力的培养一定要建立在理性的基础之上，并受到意志的指引。"主观的头脑，"奥斯顿在《大脑的力量和权威》中说得好，"从意志力提供的材料中获取营养才能创造出更多的作品。"叔本华也说过："我的大脑从智慧和思想中汲取养分，这些养料为我的作品提供能量。"

所以，想要提高自己的想象力不仅仅需要意志力的帮助，还包括在理智基础上，对内心深处进行自我教育，在生活中树立正确的动机。

想象力有各种各样的种类，如科学的、数学的、发明性的、哲学的、艺术的等等，而其中道德的想象力远远地居于所有种类之首，被认为是最重要的。这里除了道德的想象力之外，我们不考虑过多的种类。想象力是意志力不可或缺的要素，因为意志力涉及到动机和结果，大脑需要具备清晰的预见和推想能力。所谓行为，有如思想的推理过程，抓住因果关系是最重要的。

很多人都无法达成自己的意愿，这是因为他们看不到所有处于对立面的动机，而在遇到挫折或困难的时候又往往想不到自己的行动将会产生什么结果，不能激励和督促自己把事情坚持下去。

因此锻炼意志的时候还需要分析自己的意愿、理由或者目的，学会预见行动将会产生的结果。詹姆斯教授曾经说过："成熟的思考是把可能的要素在大脑里翻来覆去地掂量，考虑做还是不做各有什么利弊和优劣。"带有预见性的想象力比毫无目的的遐想要好得多，它是在意志力引导下的一种理性思维。

下面是几种想象力的提高方法：

1. 发挥自己的想象力，设想一朵玫瑰花，想象它的芳香。你正在一座开满玫瑰花的山上，山上飘荡着浓郁的玫瑰花香味。花香对你有什么用？在这种情况下你会干什么？滴一滴香水来重复这个练习。然后设想满满一湖的香水会产生很浓烈的香味。再次发挥想象力，想象一片森林里的小鸟婉转啼唱，此起彼伏，都是热闹的情形。

所有上述练习都应该在一间安静的屋子里完成。一定要调动意志力管住自己的大脑，努力做这个练习。想象时要尽可能地清晰真切。反复想象直到这幅图像在脑海里生动地浮现，就像真实地呈现在眼前一样。

2. 找一个小溪或瀑布，站在旁边。现在认真地倾听传到你耳中的声响。各种声音混合在一起有一种整体的声音效果。这种声音听起来像什么？它让你想起了什么？它使你产生什么样的情绪？你对这个声音的整体效果逐渐适应后，试着辨别这个声音是由哪些声音混合而成的。把这个过程认真细致地完成后——即把整个声音拆分成不同的组成部分之后——想象其中的一种声音非常响亮而清晰，让这个声音尽可能地响亮；然后继续想象另一种声音，第三种声音，不断地继续下去，直到所有的声音组合都完成。

在练习的最后阶段，从这个有声音的地方换到一个安静的地方，回想刚才听到的声音，首先作为整个组合音响，然后再回想刚才分析过的每一种声音。不断地练习，直到能够很随意、很轻松地把这些声音想出来。

3. 在自己的记忆中挖掘一处以前见过的美丽而又真实的风景。不容易想起来的是那些细节的地方，但是细节一定要有。只要不断地努力回忆，你一定能想象出来。一定要使想象中的这个地方就像真的一样，清清楚楚地呈现在你的脑海中。

在这个过程中，你需要不时调整自己最初设想的图景，使这片风景栩栩如生地展现在自己眼前，让大脑保持敏锐积极的想象，继续用不同的景观来进行这个练习，直到你能够随时随地毫不费力地设想某种真实的景致。

4. 想象一次给你留下深刻印象的经历。再次在脑海里重新经历当时的每个阶段和整个过程，要一点一点不断地回忆，带着强烈专注的感情。

想一想这件事情的起因和细枝末节的关联，以及当时给你造成的影响。当时你感觉愉快还是痛苦呢？不管你当时的感受如何，说明它的原因。它对你今后的生活造成什么后果？你会不会重新体验这个经过？如果不会，为什么？如果你可能再次做同样的事情——该怎么做？如果你要避免将来发生同样的事情——那么怎么防止？继续回忆各种各样的经历，直到做事谨慎和三思而行的教训深深地铭刻在你心里为止。

5. 选择一位经典作家的作品，从中找一句话，这句话应该是想象力丰富的最佳体现，在脑海中想象这句话所描述的图景。洛威尔在《麋鹿日志》中写道："有的时候篱笆伸长它泛白的犄角，就像猎人收获的丰厚战利品。"这句话的作者告诉我们，敏锐的观察和丰富的想象对于一般人而言是一扫而过的东西，与众不同的人都能够从中迅速捕捉到很多信息。

这种能力是可以培养的。对意志坚定的人而言，它就像阿拉丁神灯一样会让主人所向无敌。现在试着想象洛威尔笔下的情景，把篱笆想象成泛白的犄角。作者为什么要让犄角泛白呢？我们可以从洛威尔的作品中再引用一句话："四五只潜鸟排成一支长队，蜿蜒曲折地在空中飞来飞去，不时地发出野性而胆怯的啼叫，这声音听起来总是非常遥远，就像山谷里最后一丝连绵不绝的泉水余音，正因为不时传来若有若无的微响，而不是令人不安的寂静，才使得山谷显得更加寂寞空旷。"现在，试着想象一种声音使你想起"山谷里最后一丝连绵不绝的泉水余音"。

想象时一定不要三心二意，不要走神想其他事情，保持现在的场景能给你的印象和感觉，然后坚决地把这个场景和自己的感受从意念中遣散。用这样的句子来激发自己的想象后，用自己的话将这番盛景描述出来。坚持这一练习，直到你能够轻松地发挥自己的想象。

但令人遗憾的是，很多人都忽略了下面这句古老的格言：“认识你自己。”为了开发自我这片沃土，真是值得付出大量的努力。洛威尔写道，“一个人应该对自己的各个方面了如指掌，不管是自己内心微妙的感触还是外在的言行举止，只有了解自我，一个人才能开始对这个世界进行了解和探索。”

一个人的精神历程也大致一样。“遨游在自己内心世界的人，”洛威尔引用托马斯·富勒的话说，“畅游了每一条狭长的水道，探索了每一个隐秘的角落，但是还有很多‘从未涉足’的领域，不是吗？”在阅读之前，我们应该先学习怎样阅读；在学习之前我们应该先学习怎样学习。这些练习的内容针对的是人类宝贵的天赋机能。它们从简单的事情着手，因为这是最好的方法。如果一丝不苟地按照我们的指导去做，那么结果就是想象力得到极大提高，尤其要说的一点就是意志力的提高。这是实际生活中最有价值的品格。坚持练习想象力是你全部心智功能的结晶。

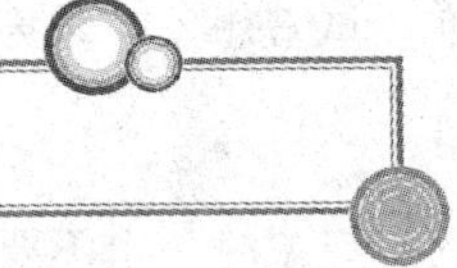

铸造四：“看”出意志力

苏利教授曾说过：“一个丧失视力的人也许仍然可以想象出人们所能看见的物体。这时大脑完全可以不依赖于外界的刺激而工作，因为它已形成了一种习惯，可以根据过去外界刺激时产生的反应方式来进行工作。”当然，对于从未见过的东西，人脑是无法想象出来的。

在意志力的帮助下，你能够将全身的能量集中于身体的某个部位。这个时候，血液就会被引导流到相对应的地方。比如，将注意力集中在眼睛上，眼睛就能因此而获得滋养。在全神贯注地注视某个事物的时候，视神经中的各个神经节就能得到充分的血液，大大激活了视觉的末端器官以及眼部肌肉。因此，我们能够采用提高注意力的方法来使视力得到改善，这涉及了一定程度的肌肉作用。除此之外，在注意力十分集中的时候，人就会产生一种紧张感，这实际上是肌肉在起作用。正如费希纳所说：“在目不转睛的时候，是眼睛在用劲；在侧耳倾听的时候，是耳朵在用劲；在冥思苦想的时候，是大脑在用劲。”

因此，我们可以得出结论，当我们注视一个可视的物体时，就会有一股（神经的）力量从运动中枢传递出来，一部分传递到各部分的肌肉，主要是传递到使眼球转动的视觉肌，还有一部分会传输到感觉中枢，由感觉中枢接收视神经对物体留下的印象。

对于一个手臂瘫痪的人，握手显然是不可能做到的，但是这种肌肉的努力仍然会在身体的某些部位表现出来，因为他用劲了。

我们通常将引起神经兴奋的各种刺激分为身体和精神两方面。身体的刺激涉及全部来自自然界的刺激，如光、热、声音以及各种化学的、机械的等相关刺激。精神的刺激则来自于意志和思维的运用。因此意志力就是我们潜在的精神力量。

所以，在下面的练习中，你必须专心致志，将思想完全投入所进行的练习中，排除一切杂念。这在刚开始时是比较困难的，因为你的肌肉和神经必须竭尽全力。但如果一个人能常常对自己发誓：“我决心树

立坚定的意志！注意！”那么他最终会练成持久而专一的注意力，并且这种完善的意志力会发展成为他的第二本性。

1. 你可以找一个物体，比如一张桌子或一朵花，将全部注意力都集中在这一物体上。不要让眼睛过于紧张，尽量放松一些。现在，观察这一物体的轮廓，猜测一下它的尺寸。然后估计一下它与你的距离，以及它与周围其他物体的距离。再看看它的形状，分析它和附近其他物体的形状有什么不同。再看一下它的颜色，是否很好地搭配了周围的环境？如果是，那又是如何搭配的呢？如果不是，其原因又是什么呢？再仔细观察它的质地，它是用什么制成的？它真正的用途是什么？它起到这样的作用了吗？它可以在什么方面有所改进吗？怎样才能实现这些改进呢？

在对这些信息进行搜寻的时候，让大脑紧紧围绕着这些相关问题运转。或许起初的时候你会觉得有些困难，但练习久了，大脑就会自然而迅速地对这些问题做出反应。现在，不要继续看这一物体，停下来动笔将你所有能想得起来的信息写下来。以同样的一个物体为目标，重复这一练习10天，其间休息2天，可把其中一天的休息放在星期天，然后在第10天再观察这一物体，看看你是否取得了进步。

在这一练习中，要注意时刻让意志力存在于你的脑海中。

2. 以中等的步行速度走过你的房间，或者绕着房间走一圈，迅速留意尽可能多的物体。走到房间外并将房门关上，动笔写下刚才你所看到的物体。凭你脑海中留下的印象，而不要凭你事先就已经知道的信息。与上一练习一样，重复该练习10天，其间作适当休息，在第10天的时候看看你的进步。在这一练习的最后，走进你的房间，仔仔细细地看一遍你一直以来没有注意到的东西。估计一下你错误的几率。

3. 找25到30块大小适中的大理石石子，其中8或10块是红色的，8或10块是黄色的，8或10块是白色的。将它们放到一个敞口的盒子里，然后将各种颜色的石子完全混合在一起。现在，用两手迅速抓起两把石子，然后放手，让这些石子同时从手中滑落到桌上，或者地上。当它们全部落下后，迅速看一眼这些被抓中的石子，然后转过身去，将各种颜色的石子数目凭记忆（不要猜测）写下来。重复这一练习10天，其间作适当休息，在第10天看看你的进步。

4. 找2张2英寸见方的纸片，每张纸片上面都写有一个字母，字迹应当清晰、工整。将有字母的一面朝下，分散放在桌面上。拿起10张面朝下的纸片，然后迅速地将它们翻过来散放在桌面上，尽量使它们分开放，并且面朝上。现在，用极短的时间仔细看它们一眼。然后转过身，凭着你的记忆把所看到的字母写下来。紧接着，用另10张纸片重复这一练习。每天这样练习3次，重复10天，其间作适当休息，在第10天注意一下你的后续练习与第一次练习相比较取得了多大进步。

上面提及的这些练习每天都要坚持，并至少坚持10天。如果能长久坚持练习下去，对注意力和意志力的提升均有好处。但要注意的是，后续的练习也必须按照上面的要求来进行。

5. 把眼睛睁大，但不要过度，以至于让你觉得不适。注视正前方，此时注意力要完全集中。观察你视野中的所有物体，但眼珠不可以有一点转动。坚持10秒钟后，不再看前方，而是将所能想起来的物体的名字写下来。凭借你的记忆，不要凭借你之前就知道的信息来做记录。把这样的练习重复10天，其间作适当休息，正如上面的练习一样。在每次进行这一练习的时候，保持同样的站立位置，向同样的方向看去，并以同样的方式进行练习，在第10天看看你的进步有多大。

6. 重复进行上面提到的练习，其他方面都不变，只是每一天观察的位置和视野与前一天不同。在第10天看看你的进步。

一定要注意：数秒数的过程一般会比所设想的要快。你可以在练习前先调整一下你数数的速度，一边数一边看着手表的秒针走动。这样你数秒数的速度就能保证在一分钟结束的时候刚好数出“60”。

7. 两眼平视前方，自然眨眼，注视某个距离不是很远的物体，比如10~60公分远。让你的注意力集中在该物体上。默数60下，也就是一分钟，在默数的同时，要专心致志地仔细观察。现在闭上眼睛，努力在脑海中勾勒出该物体的形象。

此时，在一部分人的脑海里会出现一个十分清晰的画面，几乎与实物一模一样，而对于大多数人来说，这一形象也许并不是那么清晰。但无论清楚与否，你都要尽可能地在脑海中将这一物体的整个轮廓包括细节特点描述出来。不要一直看它了，将你看到的各个部分的特征写下来，要相信你的眼睛。每天这样重复10次，分别用10个不同的物体作为你的目标物。和以上的步骤一样，持续练习10天，中间可适当休息，并要认真做好记录，写上具体的日期，这样你就能看到自己的进步。虽然我们将这个练习设定的周期是10天，但实际上并不一定要有一个明确的时间限度，只要你坚持下去，一定会受益匪浅。

切记：这一练习的目的是让你学习观察事物的本来面目，并将它们印刻在脑海中。随着练习的进行，你观察的仔细程度以及物体在脑海中的清晰度都会大有提高。但是，最关键的是要有耐心和毅力。仅靠这样的观察训练而使自己头脑中对事物的印象更加深刻，似乎是不太可能的。然而，只要你坚持不懈地训练，至少在一定程度上，你的眼睛会变得越来越敏锐，看得越来越清楚。特别是当你的意念坚定不移地相信这一点时，它就一定能够实现。

敏锐的洞察力需要内在的精神做支撑。这就意味着人们在观察事物时要以反映事物的本来面貌为本，主要观察各种事件的结果和影响，不管是单个事件也好，还是多个事件的复杂组合也好，我们的目的是在脑海中留下对事物的真实印记，同时，对各种观察的动机还要做出恰当的比较。这些练习的目的是训练你的洞察力、记忆力、脑中的印象能力以及自我控制能力，最终将大大促进意志力的发展。

铸造五：“思”出意志力

事实上，真正的思维的确是一种协调的活动，心智在这一过程中起主导的作用。思维可以创造出最美好的精神世界，塑造完善健康的人格；思维世界在自我改善的过程中产生出智慧和能量；思考是一种高贵的艺术，我们每个人都需要学习这门艺术。

但遗憾的是，现在我们大部分人迷失在名词术语之中，忽视了思考本身的真正意义，我们以内容艰深为由拒绝接受新事物，我们不愿意钻研的真实原因不是问题太难，而是对问题缺乏了解。大众的思维界限是相当狭窄的，他们没有足够的勇气打破思维的框架，甚至保守地把界限之外的阳光看做阴云，把钻石当成廉价的石英。

是的，问题不在于复杂而在于惰性。一个人必须付出辛苦和汗水才能求得生存；但是一个人在吸收食物营养和锻炼体魄的过程中并不需要思维。只是管家或者开一个商店的人往往非常不愿意思考，思考让他们感到非常厌倦和疲惫，而且往往有很多日常事物是程序性的，人们可以不假思索地去做。这个世界每天都产生大量所谓“文学”作品，但是大部分读者都只是随便地读一读，为了放松紧张的情绪，实际上却使自己的思想越来越浅薄，越来越不会读书。事实证明：很少有人读书之后有所长进，很少有人通过读书和思考对自己有所发现，或者对周围的世界、对整个宇宙有更高深的认识——而我们身外博大的空间是人类灵魂得以升华的活力要素，是我们在地球上生存下去的最重要影响条件。

有人把思考比作是一个银行，放在它里面的存款越多，回报越优厚，同样，你思考的越多，得到的好处也就越多。善于思考能够提高一个人想通问题的能力，这样你就能够成为生活中的胜利者。当然，这种能力是可以自我开发的，而且开发的时间不受限制，什么时候都不算晚，只要你有决心、有强大的意志力，能够持之以恒。

真正的思考需要你全神贯注集中于一个问题，深刻地剖析，而且你还要有很强的记忆能力以及丰富的知识。思想的敏锐程度与你是否坚持、执着的意志力紧密相关。如果你的内心想的是一定要得到这个问题的答案或者一定要将这个问题解决，那么你的思考就一定会有所收获。在最后的关头，就是意志力在呼喊——“我不会放弃你”。

对于大多数人来说，他们在面对一个问题时往往并不依赖于常识，而是进行认真的思考，尽管他们在思考问题时也会经常参考常识。这样的思考是受理性支配的，思路清晰、条理分明、意义深刻。它拒绝错误和失败，与迷信、伪科学、不加控制的情感、狂热痴迷等一系列错误的行为是针锋相对的。如果没有思考的能力，会造成很多麻烦，比如金融恐慌和商业企业倒闭，政治纠纷无法解决，人民愚昧混沌，富裕的人自私自利，贫富差距加大，人们的幸福指数更是无从谈起。

而从意志力的高度来说，没有坚强意志力的人不可能进行深入而持久的思考。所有的思考都需要权衡利弊、分析优劣的能力。而所有自愿的思考都会增强意志力。现在，就让我们开始通过训练思考力而增强意志力的快乐之旅！

人们常说：天才和愚蠢仅一步之距离。这一步之别的主要原因与其说智力不同，倒不如说是思维方式不同。以正确的方法进行思维，即使智力平平，有时也可以不失时机地做出天才的决断。

英国剑桥大学心理学家、医科研究教授爱德华·迪·波诺提出了改进思维能力的简易方法。下面我们就一起了解一下他总结的改善基本思维能力的六种方法。

1. 剔除成见法

这是优化思维中很关键的第一步。它告诉我们，不要带着有色眼镜去观察事物。

当一个新事物进入人们的视野，人们一般会出现两种反应：喜欢或者讨厌。之后，对该事物或问题加以自己感性的认识。这样做的后果往往会使人陷入某种困境而无法摆脱。为了避免使这样的情况发生，一个非常有效的方法就是消除你的成见。迪·波诺在解释这个问题时曾举了这样一个例子：

假设我们大家现在都在讨论公共汽车的设计问题，有人建议把车厢里的座位全部去掉。此刻你会有何感想？为什么有这些感想？

想象一下这样设计有哪些优缺点，姑且当作到会人员所发表的不同见解。用三分钟的时间把这些优缺点写下来。

写完之后，也许你会对你所写出的大吃一惊，这种设计的优点竟能与缺点数量相当，诸如造价低廉、容易修理等等；而且，使乘客舒适这样一条非常重要的条件也许还会被你忽视。

这种剔除成见法的目的，是要使你能够客观地认识世界，不要受头脑中的定势所左右。

2. 面面俱到法

这种思考方法告诉我们，要确切地看清楚你所考虑的任何细节，不要有所遗漏，也不要有所忽视。任何细节的遗漏和忽视，都会影响你做决定的质量。

如果你要买一所新房子，就要将与房子有关的问题都尽可能地考虑周全。当然，那些很明显的问题会首先引起你的注意。比如，房间的大小、房价的高低、房子的装修等等。而那些看起来并不明显的问题也不能忽略。比如，电视机的接收效果、邻居的生活习惯、寒冷季节煤气管道是否会由于寒冷而影响使用等等。

有一对夫妇看中了一幢房子，他们认为那幢房子夏天的景色很别致。但是一个朋友问他们：“冬天，叶落花凋以后，其景色将会如何？”他们就不知道如何回答，实际上，那幢房子的冬景是不堪入目的。

3. 先见之明法

恰当的运用前两种方法把各种问题和可能的因素揭示出来以后，如能具有先见之明，可使你得到最佳选择。

我们对自己将来的预见，从时间上划分，大体分为四个阶段，即眼前、短期（1~5年）、中期（5~20年）和长期（20年以上）。

把这种思维方式应用到日常生活中去，还可以使你在处理问题的时候有一个正确的抉择。

多年前，年近中年的杰克时常和一位年轻姑娘来往，当时他说是并无他意，只不过逢场作戏罢了。朋友们曾告诫他，这样下去他可能爱上那个姑娘——可能会导致夫妻痛苦的离异——可能会导致包括子女在内的众叛亲离——可能20年后，新妻会不甘心与老朽为伴，还要出现再度的离异……但是遗憾的是，他当时没有能够接受朋友们的忠告。但他们当时给他描绘的那些可怕的情景，后来都一一地变成了不幸的现实。

4. 明确目的法

这种思维方法要求我们，在做事的时候一定要把所做事情的目的铭记在心。

如果行为的目的明确得法，可以使我们把注意力集中到如何解决问题上。这样会很快找到解决问题的方法。

有一个老奶奶在打毛衣的时候，她的小孙子因为刚刚学走路，在她身边走来走去，将她的毛线弄成一团，使她无法再工作下去。于是，这个老奶奶就把她的小孙子放到栅栏里面去了。然而，这个孩子在栅栏

里嚎啕大哭，她仍难以工作。这时她想到：我的目的是把我和这个孩子分开，而不是把孩子圈起来。既然如此，我何不自己进入这个栅栏里去，而把孩子放在栅栏外面呢？

于是她就这样做了，问题也得到了解决。

5. 主次分明法

这种思维方法可以帮助你在事物的诸多因素中，选择出最重要的几个因素和最可能发生的情况。

假设某人想向你借一点钱，你这时就一定要考虑一下他想借钱的所有因素，然后要选择几个最重要的因素。可能最重要的因素是“他什么时候能还钱”，其次可能是“这个人是否可信”，如果是你的孩子向你借钱的话，可能你考虑的最重要的因素就是“他要钱干什么”。

我们许多人在考虑问题的时候，分不清主次，只凭一般的感觉。殊不知，一般的感觉不能代替经深思熟虑而做出的决定。

6. 思想解放法

有时，我们解决某个问题的时候感觉已经绞尽脑汁了，但仍是百思不得其解。这种思维方法告诉你如何开拓你的思路，使你进入一个柳暗花明的境界。只要你敢于进行大胆的设想，就一定会有所发现，有所创造。

爱迪生在发明电灯泡的时候，仅做灯丝这样一项内容，就试用了不下数千种材料，包括软木、钓鱼线、沥青和碳化纸片等等，最后才找到了金属钨。

在日常生活中，要学会“狂想”。要想到所有可能的情况，即使被认为不着边际，乃致荒诞不经，也不妨试一试。最优的抉择产生于各种可能因素的展示之后。

铸造六：“嗅”出意志力

嗅觉能形成一个人记忆中最强有力的部分。当嗅觉得到完善时，思维能力能够得到极大的锻炼。威廉·马修博士曾经有过这样的论述：“从古至今，长着一只大鼻子的人是一直都受人尊敬的，而一个有着小气的鼻子的人则会受人藐视。罗马人喜欢像恺撒一样的大鼻子，一个很有意义的事实是拉丁文中的一个词：Nasutus，即表示大鼻子的意思，也同时表示敏锐或聪明。那些杰出人物都有适用于用力呼吸的鼻子而受人尊重。”

那么，通过意志力的锻炼，你能做到“一闻知春”吗？或者说你愿意在追求“一闻知春”的过程中增强你的意志力吗？

嗅觉训练的重点：提升注意力

我们可以像培养其他能力一样培养嗅觉能力，这可以从大猎犬的例子中得到印证。在这一目标的指引下，经过特殊的训练，敏锐的嗅觉就会拥有无与伦比的能耐。那些经营茶叶、咖啡、香水、葡萄酒及黄油的人，常常可以在他们的行业中培养出惊人的嗅觉能力。然而大部分人的嗅觉受到的锻炼是很少的。

我们可以通过思想来控制嗅觉神经的活动，也就是通过意志力的力量来控制。如斯科利普彻教授所提到的一样："利用纸做的管子让不同的气味分别通入两个鼻孔中，我们完全可以只嗅到其中一种气味，只要我们心里运用意志力想到它就可以做到。"

下面的练习会使你的嗅觉得到培养，更重要的是它们会为你培养出一种令人感到惊奇的注意力。而从更深层次的意义上讲，就是意志的力量，这也是我们最终的追求所在。

下面是训练嗅觉的方法：

1. 摘一朵芬芳的花朵，仔细闻它的气味。在房间里行走一会儿，远离花朵。这时回忆其气味是什么样的，有多强。摘取一种不同香味的花朵来重复这一练习。

务必注意让鼻孔有充分的休息，否则对气味的感觉就会混淆在一起了。每天进行一次这样的练习，至少10天，其间休息两天。最好能坚持下去，直到你确定无疑地注意到嗅觉敏锐性提高了，大脑描绘嗅觉或气味的能力也增强了。在第10天的时候，看看你所取得的进步。

在上面及下面将要提及的练习中，强有力的意志必须与你形影不离，使你的精神集中在鼻子上。

2. 你可以摘两种不同的花朵。闻其中一朵花的香味，然后再闻另一朵。这时努力地回忆前一种香味，然后再回忆后一种花的香味。然后试着对两种花的香味进行比较，注意两者的区别。

每天重复这一练习，坚持10天，在第10天时注意嗅觉有所改善的情况。

3. 保持端正的坐姿，缓缓地吸气，试着去一一指出所觉察到的所有气味。真的有这种气味吗？它从哪来的？让你的朋友在房间里藏一些有香味的物体，一些桃子或是一瓶打开的香水。最好你是在另外一个房间里，这样你就不知道所藏的东西及其位置了。

进入房间，然后努力依靠嗅觉来找出这一物体。注意必须把所有其他气味浓烈的物体清除出这一房间。

每天练习，坚持10天，在第10天时，注意嗅觉有没有改善。

4. 需要其他人帮助完成这个训练。你可以让你的一个朋友拿着一个带有香味的物体，但是这个物体你不知道是什么，并且它与你有一段距离，然后，你的朋友双手紧握住这个物体，慢慢地向你靠近，直到你能闻到这个香味为止。测量一下你能够通过嗅觉觉察到这个物体时的距离有多远。然后你说出这种气味，并猜测这个物体是什么。

使用不同的具有不同香味的物体来反复进行这个练习，当然也可以时而休息一会儿。结果你会发现，这些香味被觉察出来的距离不同，有些香味相对于其他的香味被觉察出来的距离更短。那是由于香味的浓烈程度不同造成的，还是由于香味本身的特性导致的呢？每天重复这一练习，坚持10天，其间休息两天，在第10天时，注意嗅觉有所改善的情况。

德国思想家洪堡通过观察指出，一位秘鲁籍的印度人能够在漆黑的夜里辨认出距离很远的陌生人是印度人、欧洲人，还是黑人。撒哈拉沙漠的阿拉伯人可以通过嗅觉来辨别出40里外的火堆。

5. 在生活中，试着去想象花园、田野或森林中那令人陶醉的香味。比如，新割的草——惠蒂埃的诗；刚翻过的土地——世界上富裕的生活；花朵——大地上美丽的景色。这种习惯将为你打开新世界的大门，提升你的注意力，并且逐步提高你的意志。

铸造七："读"出意志力

阅读对意志的意义：阅读是提高意志力的有效方法。

理解力的大小取决于注意力的集中程度，只有完全彻底地理解书的内容才是真正的阅读。回顾复习和讨论思辨是持久储存记忆的好方法，如果能够持之以恒地进行阅读练习，你就定会获得钻研学问所必需的意志力。

是的，现在的我们处于一个知识大爆炸的时代，可供选择阅读的书籍、报刊等说多也多，说少也少。对于整天麻木于快节奏生活的现代人来说，大量的知识使他们应接不暇、无所适从，因此其头脑也得不到良好的知识营养的补给。有很多人读书纯粹是无聊打发时间，许多杂志以一种特殊的方式写作，目的只是为了造成轰动效应。甚至文学作品也多是言过其实地表现客观世界。

这些不断发生的事实使许多人觉得阅读变得根本不可能，因为真正意义上的阅读是一个沉思默想的过程，书本里的思想在读者的头脑中重新呈现，引起他的共鸣或质疑，并且潜移默化地影响他的思想，使之吸收并转化为自己思想的一部分。

这些都需要意志力的投入。但在当代如此喧嚣浮躁的世界，阅读正变得稀有，人们身上的意志力已经十分少见。这种正在丢弃的技艺怎样才能重新获取呢？那就需要培养建立在理智基础上的神奇天赋——注意力。

英国哲学家培根在其《论读书》一文中谈到："读书可以让人养性，可以提高修养，可以锻炼能力。获得读书的乐趣是在个人独处一室沉静平和的时候；高度的修养是在谈吐举止中处处体现优雅的风范；超常的能力是在判断和处理事务时表现精明睿智。精通一行的人才有能力作出执行事务的决定，针对一个接一个的特殊情况做出判断；而一般高明的见识，事情的谋划和部署只有那些教养良好的人才能做到……""读书不要心存质疑，也不要全盘相信，而是要思索，要权衡。"

可见，书不可不读，而这就需要培养阅读方法，在培养良好阅读方法的过程中提高意志力。

阅读训练的5种方法：

1. 首先选择一本好书来读。认真看看书的标题，在自己的脑海中设想这个标题下作者可能论述什么样的情况。在字典里查找标题中所有字眼的意思，比如"中国戏剧史"。什么是戏剧？什么是历史？真实的戏剧史与写在纸上的戏剧史有什么不同？

"中国戏剧"的意思是什么？这个名称从何而来？现在再看看作者的名字。在继续读下去之前，记住作者的生平，了解他在文学或史学中的地位。你对他的作品应该给予什么样的重视程度。

按以上要求完成之后，你就能够认真去看目录了。首先你应该大概了解一下这本书的主要内容和作者的写作目的。如果这些内容你还不能完全掌握，那么你就要舍弃它另选一本了。整个生命过程中所读的书都要经过这样的精挑细选。

2. 如果在选择完作者和内容之后，你仍希望把这本书读下去，那就要认真地读一读前言。读完之后，思考一下作者在这里说了些什么，依据你的判断，这个前言起到了什么样的作用，以后读书时都要养成重视前言并思考前言的习惯。

3. 如果这本书有简介，一定要认真地把它读一遍。如果前面的介绍没有阅读，很多地方都可能被误解。读过介绍之后，回想一下简介的主要内容。现在再一次提出这个问题，作者为什么要写这个简介，或者在这个简介里他到底说了哪些方面的内容？很可能到这一步的时候，在进一步阅读之前你已经把这本书抛到一边了。如果要严肃认真地读书，一定要养成这个习惯。

4. 对这本书的前25页，一定要精读。在这25页当中你有没有发现新颖、有趣或者你认为有价值的东西？如果在这个过程中你没有看到任何新鲜、有趣或者有价值的东西，很可能这本书的命运将被你大幅度地削价处理。当然这个规律也并不是万无一失的。

读书就像淘宝一样，珍贵的宝物并不是人们轻易就能够发现的。比如，乔治·艾略特的一些作品就需要读者付出更多的努力，才能全神贯注地集中于此。不过，一旦沉浸到书的世界里，你就会被深深地吸引进去，再也无法摆脱它的神奇力量了。有许多在当年畅销的书都没有经受住时间的考验，一段时间之后再看会觉得平淡无奇。当然，读书与读者的品位也密切相关。

不同的读者会根据自己的爱好，有不同的选择倾向。有的读者喜欢那种十分动人或者说“完美无缺”的文字，那么他也许就会选择那些注重文笔雕琢的作品。这样的选择倾向与高级知识分子的学识是极为不符的。他们关注的更多的是那些超出一般水准、有内涵、有分量的作品。如果一位读书品位高的读者在25页内没有看到特别的内容，那么只能说作者写作水平一般，或者他的作品根本不值一读。

（5）如果你想继续把这本书读下去，那么我们有必要回到这本书的第一句话。重读第一句话的时候要特别注意句子的结构，比如，它的主语、谓语、宾语都是什么？每个词之间有什么关系？如果是一种抽象的表达，就要将它转化成具体的、通俗的语言。要仔细思考这句话的意义，深入细致地了解作者到底想要表达什么。假如它描述的是一个物体，那么请你闭上眼睛想象一下它的样子。假如它描述的是一种行为，那么请你想一想它表达的是怎样的行为。

接着，你再用同样的方法阅读第一段。做到能用自己的话将这一段的主要内容表述出来。继续保持这种细致的分析性阅读，直到你已经完全把握了第一章的中心思想。现在你可以把全部笔记都放到一边，根据记忆将你所知道的主要内容用连贯的句子写出来。

然后，还是用以上的方法继续阅读，这样读完整本书后，你几乎不必需要第二次阅读了。也就是说，精读一本书比随随便便浏览很多书获得的知识更多。事实证明，这样的练习是十分有价值的，因为它们建立在大脑深入记忆的基础上。经过这样的训练之后，眼睛在看书的时候会十分迅速，并且可以将一些朦胧的观点依靠自己的知识串联起来，在脑海中形成清晰的画面。在这个过程中，读者能够寻找到很大的乐趣。要想使自己文章的内容真正被读者领会，还需要把整个图像拆散开来，对每个组成部分加以认真的思考。

此外，阅读的时候还需要对细节进行把握，清楚地理解每个词的意思。因为有时候我们也许弄懂了整个句子的意思，而对其中的某个单词并不能十分清楚地进行解释。这样的话，很可能会错过句子中最主要的部分。希尔在《心理要素》中写道：假设我从窗户向外看去，看到一匹飞奔的黑马。整幅图画是在想象中出现的，在我没有用语言把它记录下来之前，它只是一个整体的形象。但是在我写的时候，必然需要一个把这个形象拆开的分析过程。我必须称这一动物为“马”，它的颜色是“黑色”，它的动作是在“奔跑”，它奔跑的速度“飞快”，我必须说明在这匹马的名词前加上定冠词或者不定冠词。所有部分都齐备了，这个句子就是一匹马在飞快地奔跑。一个句子被分成了五个相对独立的限定成分，每个限定都备用一个单词来表述。有句格言说得不错，“如果说不清楚，就不能算完成”。把思想用自己的话表述出来可以从某些事实中得到体现，以上的例子说明，尽管对词语的斟酌可能没有太大的意义，但在阅读的时候需要在脑海中呈现你读到的每句话的具体意象。

自我治疗，还原健康人生

意志力也会患病吗？答案是肯定的。有时意志也像身体的其他器官一样，出现病态。『好逸恶劳』、『拈轻怕重』就是一种意志力疾病，其实我们每个人身上都或多或少有些意志力疾病，这些疾病既有生理引起的，也有心理引起的，并且表现为种种特征和病因。

治疗一：诊断病因

意志是一种心理状态。大脑发育不良会使意志与正确的方向截然相反，或是变得软弱。这都是意志力患病的病因。就整个大脑而言，按照由强到弱的程度，可以将意愿分为三个等级：愿望、明确的目标和坚定的决心。脆弱的意愿只能是心中有那样一个想法。而有明确目标的意愿则会想到具体的步骤，并且只有决心坚定不移才能义无反顾地实现自己的意愿。意愿本身不会希望什么，期望是大脑的行为。正如有人所说的："说我想吃肉，或者说我希望摆脱痛苦的煎熬，这样的句式都是正确的；但是，如果说我愿意吃肉或者我愿意摆脱痛苦的煎熬，这样的句式则是不正确的。

脆弱的意愿就是意志力脆弱的表现。坚强的意愿表现出产生愿望时的精神力量是积极向上的。坚定不移的愿望是强烈意愿的继续和延伸。它们之间的相互关系一般表现为：当单纯的欲望占据了大脑的主导地位时，在发挥意志力时，大脑的作用就可能很脆弱无力、犹豫不决。当大脑决定以某种东西为自己的目标时，意志力开始变得强大。这时，身体就会在强大的自制力作用下，使自己继续服从意愿的支配，即使目标看起来非常遥远而渺茫。我们可以用这一点来衡量意志力的强弱。

意志力的强弱还表现在自信心上，比如“信心危机”，有一个意外事故可以证明这一点：

一位铁路工人意外地被锁在一个冷冻车厢里。他清楚地意识到，他是在冷冻车厢里，如果出不去，就会被冻死。20个小时后，当冷冻车厢被打开时，这位工人已经死了。可是，仔细检查车厢后，人们发现冷气开关并没有打开。但是那位工人确实死了，因为他确信，在冷冻的情况下是无法活命的。这位悲观主义者在行动之前，就已经确认自己无可挽救了。

我们这里所讨论的意志力的疾患，可以简单地将其分成两类：一种是由于处于某种不适宜的环境下，脱离了意志力的引导和制约；另外一种是由于大脑的感知、联想、推理分析的能力与道德准则格格不入时，现实对人的影响力已经大大超过了意志力可以控制的范围。因为在做出选择时的一个最重要的因素就是一个人的个性特征，这些特征使他与同类中的其他个体相区别。此外，选择时的另外一个因素是他对未来的希望，许多人会因自己的理想而或多或少地改变自己的个性。

总体来说，大脑的发育不良、由于人处于某种不适宜的环境下，以及与大脑的感知、联想、推理分析能力与道德准则格格不入，是引发意志力患病的三个因素。

治疗二：测量意志强弱

要想对自己的意志力进行诊断，那么就要检查一下自己的意志力的强弱，把握轻重。下面就让我们一起测量一下自己的意志力，以便"对症下药"。

检测说明：在每道题的三个选项中选一个适合自己的答案，然后根据后面的记分规则，查看自己的意志力检测结果。

1. 有一次，你和几个"死党"到好友家做客，茶几上放着你最爱吃的巧克力糖，但好友并没有开口招呼你们，你会怎么做？

A. 立刻拿起一颗巧克力糖放到嘴里吃，再抓一把分给"死党"。

B. 坐在茶几前，一个接一个地吃了起来。

C. 静坐着和朋友聊天，以转移注意力。

2. 有一天，你和朋友一起去逛街，在橱窗中看到自己喜欢的新款式服装，可是这个月的花费已经有些超支了，你会怎么做？

A. 向好友借钱买下它，并约好下个月领薪水时还给好友。

B. 反复犹豫后，拿出存折去取钱买下它。

C. 多方考虑后，决定下个月有剩余的钱时再买。

3. 你和朋友聊天时得知他很多的隐私和秘密，当他人向你打听时，你会怎么做？

A. 立即把自己所知道的事情全都“抖”出来，并添油加醋一番。

B. 将自己所知道的，不多也不少地透露给朋友，并炫耀自己了解别人很多。

C. 什么也不说，所有朋友的隐私和秘密你都能保证不向他人透露。

4. 在你向自己、朋友作出承诺改变某一个坏习惯时，你通常会：

A. 说说就算，从不遵守承诺。

B. 维持几天，意思意思就好。

C. 说到做到，坚持改掉这些习惯。

5. 如果能在早上七点起床后思考、准备一天的工作，让你做事更有效率，你会怎么做？

A. 虽然每天早上七点准时被闹钟吵醒，仍赖在床上直到八点才起来。

B. 大约在七点二十分起床，然后冲个热水澡让自己清醒。

C. 把闹钟调到六点五十分，以便能准时在七点起床。

6. 朋友要你帮忙查一个重要的地址，而你正在看一本引人入胜的小说，你会怎么做？

A. 等看完精彩的部分再帮忙查。

B. 立刻帮好友查看、确认，接着继续看小说，等朋友打电话来问结果，再告诉他。

C. 立刻帮好友查看、确认，并在第一时间打电话给朋友告知结果。

7. 假如上司交办一个很重要的文案，要求你六周之内完成，你会怎么做？

A. 先搁置几天，找到感觉后再开始做。

B. 不疾不徐地作出安排，不断想着自己还有六周的时间，还早哪！

C. 立刻着手进行，并要求自己提前两天完成。

8. 你常常因为读一本引人入胜的小说或看一部精彩的电视节目或电影而错过和朋友约定的时间吗？

A. 经常会。

B. 偶尔会。

C. 从不。

9. 自己所制订的计划，你一般都按原定计划执行吗？和朋友的约会都能按时赴约吗？

A. 偶尔会。

B. 少数情况下会。

C. 绝大多数情况下一定会做到。

10. 周六晚上，室友邀你一起通宵看影片，但周日早上你还要早起去做兼职，你会怎么做？

A. 应邀看通宵，第二天太疲倦就请假补眠。

B. 陪室友到半夜十二点，然后回房睡觉。

C. 拒绝邀请，和室友说明情况，好好睡一觉。

积分规则：

选A得1分，选B得2分，选C得3分

结果分析：

得分10分以下，意志力非常弱

你很想坚持你的计划、目标，却很少能坚持到底。你并非缺乏意志力，但比较随性，只喜欢做那些感兴趣的事，一旦兴致高昂，就会坚持下去，但多数情况下你所坚持的都是错误的决定。

得分11—20分，意志力稍弱

你很懂得权衡轻重，知道什么时候要坚持到底，什么时候该轻松一下，但很多时候你会因为外界因素的变化，而改变自己原本的计划，尤其是遇到那些你极感兴趣的事情时，好玩心会战胜你的决心。建议在生活和工作中，多从小事坚持，逐渐让自己的意志力变得更强。

得分21—30分，意志力超强

你的意志力比较强，无论任何人、任何事都不能轻易改变你的专注力，只要你能好好加以控制，坚持做正确的事，无论在生活还是工作中，你都能取得比他人更优异的成绩。但有时太执著并非好事，偶尔尝试改变一下，生活将会更充满趣味。

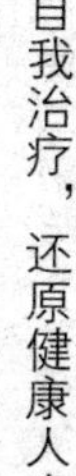

治疗三：摆脱懒惰

有人说，人是好逸恶劳的动物，在一定程度上，这种看法是对的。人总是希望在工作中减少体力付出，在生活中尽量舒服、安逸，获得更大的满足和安逸也是人活动的动力。但如果贪图安逸，就会产生惰性。惰性在生活中表现为不求上进、意志消沉、安于现状、心态消极；在工作中无所追求、不学无术、糊涂混日。惰性对人的身心健康会造成一定危害。

惰性能够降低人的身体素质，因为懒惰，所以总不愿意去活动，因而身体得不到很好的锻炼，人的免疫功能也随之降低，得病的几率也就相应提高。另一方面，因为不运动，所以体内能量消耗少，身体会越来越胖，高血压、动脉粥样硬化等疾病也随之而来。

由此我们可以看到，惰性对于人的身体健康有极大的危害。对心理健康的人来说，亦是如此。懒惰的人不愿意动脑筋去思考，久而久之，大脑思维的灵活性必然会降低，长此以往的话，还有可能降低人的智能。此外，懒惰的人没有一个明确的理想目标，缺乏奋斗的激情，也就难以实现自己的人生价值，更不可能获得学业、事业上的成功。从另一方面来说，惰性使人只想索取而不愿意付出，整天无所事事、游手好闲，备受他人的指责，得不到亲人朋友的认可，因此产生人际交往障碍。懒惰的人还常因不愿担负社会责任而受到纪律处罚或舆论批评，存在许多社会适应问题。

谁都会有惰性，适当进行心理调节，克服自己的惰性，生活才会更加丰富多彩，更加令人满意。

有目标、有追求是克服惰性的根本。古人说，哀莫大于心死，没有目标的人缺乏追求，终日浑浑噩噩，无所事事。有目标就有所追求，也就对生活充满希望，让人生活得更加充实，每个人都应该在事业上、家庭上树立自己的目标，并为实现目标辛勤劳作。每当有惰性出现时，想想目标的美好就会让人精神振作、加倍努力。

惰性较强的人应主动寻找生活压力。没有压力是好逸恶劳的人的通病，应比较客观地将自己与周围人作比较，找出与他人的差距，为什么别人就有所作为，自己却一事无成？为什么别人就受人尊敬，自己却被小瞧？感到自己不如人就会有迎头赶上的愿望，进而克服惰性，投身工作。

好逸恶劳的人还应引入监督机制，使自己置身于他人的督促之下，既然自己主动性差、管不住自己，不妨让自己的家人、朋友、同事监督自己的言行，在他人的帮助下克服惰性。

以下是几点克服懒惰的好方法，不妨试一试：

1. 树立责任心。

2. 培养热情、积极的生活态度。

3. 树立高尚的生活目标和理想。

4. 保持规律生活。健康的生命活动是有规律进行的，一个人起居有常、三餐适时、劳逸适度是身体健康的保证。懒惰之人往往散漫成性，生活杂乱无章，睡无时、食无量，身体各系统的功能活动很难与如此多变的环境相适应，久而久之，身体健康会受到摧残。

5. 坚持健身运动。健身房逊色于日常劳作，日常劳作是最好的运动方式，去健身房运动有时间、地点的限制，还要花费钱财，动作往往是单一机械地重复，不利于开动脑筋，既单调乏味又难以长久坚持。日常劳作多种多样，多需心、眼、手、足一起活动，健身又健脑，且通过劳动还创造了美好的生活，自有一份收获的欣慰。这些良性刺激都有助于人的健康。

国外近年来流行家务劳作，也就是除了健身之外，通过做家务活来增强体质，追求亲情之乐趣。比如，总理的母亲亲自油漆房子，总

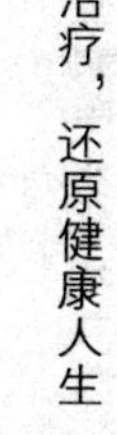

统在休息的时候帮助儿子一起修汽车、钉狗房子，知名教授领着妻儿老小大冬天扫雪……当然，他们并不是因为经济困难或者其他原因才这样的，他们享受的是能和家人一起劳动的美好时光。为了自己的健康快乐与长寿，也为了家庭的美好与幸福，每个人都必须有健康的心态、清醒的头脑和各自不同的锻炼方法，来抵御祸害现代人健康的元凶——懒惰。

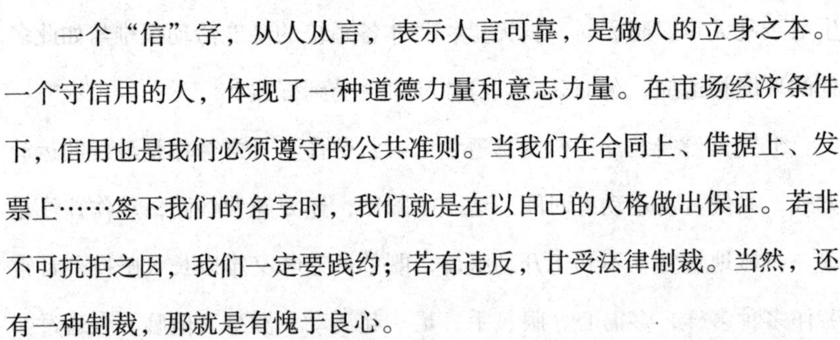

治疗四：增强诚信

一个“信”字，从人从言，表示人言可靠，是做人的立身之本。一个守信用的人，体现了一种道德力量和意志力量。在市场经济条件下，信用也是我们必须遵守的公共准则。当我们在合同上、借据上、发票上……签下我们的名字时，我们就是在以自己的人格做出保证。若非不可抗拒之因，我们一定要践约；若有违反，甘受法律制裁。当然，还有一种制裁，那就是有愧于良心。

诚信是面镜子，能映照出你性格中的许多闪光点，这比获得财富更重要，比拥有美名更持久。

像乔治·皮博迪一样，在年轻的时候就开始坚持一诺千金、不说一句谎话，并把自己的声誉看作是无价之宝的人已不多见。因此，乔治·皮博迪受到全世界人的关注，获得无上的声誉，并赢得了人们的信任。

在19世纪中期有一个正义与诚实的代名词——“诚实的亚伯拉罕·林肯”。

在林肯还没有成为总统的时候，他从事过店员这个职业，一次他为了及时把零钱还给一位夫人，摸黑跑了约10千米的路，而没有等到下次再找给那位夫人，这件事体现了林肯诚实的品格，从而使其被称为“诚实的亚伯拉罕·林肯”。

在林肯从事另一个职业——律师的时候，有一次，他在处理一桩土地纠纷案时，法庭要当事人预交1万美元，但那个当事人一时还筹不到这么多钱，于是，林肯说：“我来替你想想办法。”林肯去了一家银行，和经理说他要借1万美元，过两个小时就能归还。经理什么也没说，也没有要林肯填写借据，就把钱借给了他。正是因为林肯诚实的品德，经理才如此相信他。

一个人不仅要对他人讲诚信，对自己也要讲诚信，承诺别人的，要信守；承诺自己的，也要信守。真实地面对自己，真实地面对别人，真实地面对社会，不屈从于自己的内心欲望，不屈从于自己内心的恐惧，不掩饰自己的错误，这是不容易的。所谓人无信不立，企业无信不长，社会无信不稳。信用是经济发展的社会基础。唯有建立完善的社会信用体系，遵守市场经济秩序，才是致富的正道。

诚实、守信是无价的！没有了诚信，人们就再也不会相信你，没有了诚信，社会将抛弃你！信守诚信是走向成功的必备条件！

许多成大事者在创业过程中，都把诚实守信作为自己事业的生命来看待，他们相信诚实守信要永远胜过辞藻华丽的广告，把事业建立在

诚实信用的基础上，就会取得成功。

“顾客就是上帝，满意的顾客是最好的广告。”这个商业信条很好地体现出那些有着良好服务的商家，同时顾客也会非常乐意向别人推荐这样的商家。

诚实是立业之本。这是一个成功的商人向顾客展示自己的最好手法，他们要抓住每个顾客的心理，使其满意。成功的商人知道只有满意的顾客才有可能是回头客，才能扩大企业规模。如果顾客对他没有产生信任感，那扩大企业规模只是一句空话。

有很多银行家十分珍惜对方的信用，他们对那些资本雄厚，但品行不好、不值得信任的人，绝不会放贷一分钱；他们反而愿意把钱借给那些资本不多，但肯吃苦、有诚信心、小心谨慎、时时注意商机的人。

银行只有等到觉得对方实在很可靠、没有问题时，他们才肯向其贷款。在每贷出一笔款之前，一定会对申请人的信用状况研究一番：对方的经营是否稳妥？能否成功？信用等级如何？

罗赛尔·赛奇说：“坚守诚信是成功的最大关键。”任何人都应该懂得：诚信具有无穷无尽的价值。一个人要想赢得他人的信任，就要立下极大的决心，花费大量的时间，不断努力。要做到坚守诚信，一般要做到以下几点：

1. 勿以恶小而为之

许多人不注意在小事上守信用，比如，借东西不还，与人约会却迟到甚至失约，答应替人办某事却迟迟不见动静……这样的小事多了，别人怎么看你且不说，你自己就会养成不守信用的习惯，以后遇到大事也会失信于人，给自己事业的发展埋下隐患。

2. 不要轻易许诺

真做不到，就真诚地说“不”，这才是诚信的态度。什么事都拍胸脯，或抹不过面子而答应别人，这样不但会给自己增加不必要的负担，而且办不到的话还会使自己失信于人。当然，这不是说我们不要帮助别人，而是说在做出承诺之前要量力而行。

3. 不能私欲当先

坚守信用就是对人诚实不欺，而要不欺，首先就要杜绝贪念。有的人借人钱物不还，不是因为经济困难或遗忘，而是存心占人便宜。某些商家做不到“买卖公平，童叟无欺”，是为了赚昧心钱。一个人如果一门心思钻进钱眼里，那“信用”就会成为他任意摆布的一块抹布。从答应替人买紧俏商品或办事，到拿人钱物不还，成为骗子，其间的距离并不很遥远。

4. 注意自我修养

与人交易时必须诚实无欺——这是获得他人信任的最重要条件。要善于自我克制，做事必须诚恳认真，建立起良好的信誉；应该随时设法纠正自己的缺点；行动要踏实可靠，做到言出必行。

5. 养成良好的习惯

还有一些人平日为人的确很诚实可靠，但他们有一个毛病，那就是对任何事情都太马虎，这样就容易在不知不觉中使自己的信用丧失。比如，他们明明在银行里的存款已经不多，却还是开出了一张超额的支票，结果害得收款人到银行碰壁。如果这样做生意，那么他的信用将会丧失殆尽。

治疗五：提高自制

自制和意志是相辅相成的，意志力差的人，自制能力就差。反之，意志强的人，自制能力就强。

自制形成于实践活动，也体现于实践活动。想象自己变成一个自制的人、阅读几本关于如何自制的书、不停地自我检讨等这些方法真的能使一个人成为自制的人吗？很明显，答案都是否定的。

自制的形成并不是一蹴而就的，而是需要一个相当长的过程。所以，要自制首先要参加到实践活动中，面对各种困难和挑战，都要勇往直前，不轻易说放弃，即使是一件不值一提的小事情也要坚持到底。

自制，需要主体的能动性，它不受环境或他人的制约。而是在遇到问题之前就采取行为。这有一个前提就是必须是自愿去做。

纵容自己是万万不能的，在自制面前任何借口都无济于事。我们经常说，要对自己狠一点儿，久而久之，自制就会成为一种习惯，你的人格和品质也因此得到提升而变得更完美。

自制对于个人的事业来讲，发挥着重要的作用，加强自制有助于磨砺心志，有助于良好品性的形成，会使人走向成功。

人类是有自我意识的高级动物，只要我们有意识地去进行自我控制，一定可以成功。下面是一些有效进行自我控制的方法：

1. 尽量不要发怒

“匹夫之怒，以头抢地尔”，发怒不但解决不了问题，而且容易把问题复杂化，容易伤害别人和自己。

2. 受到不公平对待时，不要怨天尤人

这是一种消极的心理，不但得不到别人的同情，反而容易引起别人的反感。

3. 要改变自己急躁的习惯

有些事情着急也是没有用的，该来的终究会来，该发生的终究会发生。保持镇定自若，稳如泰山。要知道，欲速则不达，急于求成反而会深受其害。

4. 受到不公平待遇时，要抑制住自己的委屈

一个人可以一时受委屈，但不会一世受委屈。就像太阳一样，它是最公正无私的，然而它的光芒也无法照遍地球上的每一个角落。天总有晴空万里的时候，人总有扬眉吐气的时候，关键是自己要看得开、放得下。

5. 要抑制住自己悲愤的情绪

社会上的人各色各样，谁都免不了受到伤害。所以，在努力保护自己的同时，要冷静理智地寻求解决问题的办法，而不要悲愤难当。

6. 不要像井底之蛙一样狂妄自大

狂妄会让别人讨厌，会引起别人对自己的排挤。其实，任何能力都有局限性，强中自有强中手，能人背后有能人。

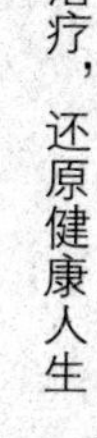

7. 学会自我娱乐

要经常进行自我娱乐来调节身心，使自己轻松快乐，但不可过度，因为“业精于勤荒于嬉，行成于思毁于随”。

（8）不要放纵自己

“酒是穿肠的毒药，色是刮骨的钢刀”，切记不可放纵自己，使自己迷失方向，使自己意志涣散，走向堕落。

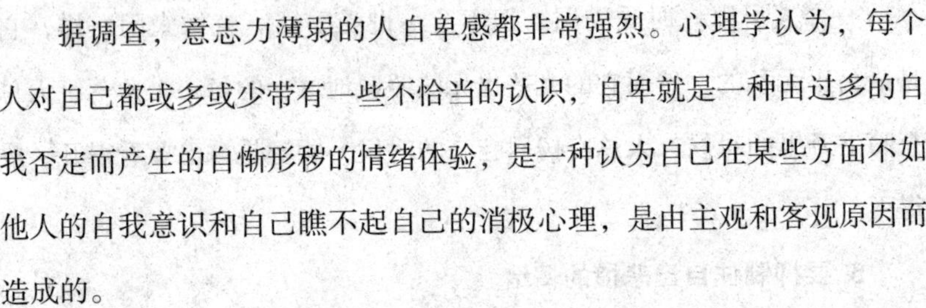

治疗六：清除自卑

据调查，意志力薄弱的人自卑感都非常强烈。心理学认为，每个人对自己都或多或少带有一些不恰当的认识，自卑就是一种由过多的自我否定而产生的自惭形秽的情绪体验，是一种认为自己在某些方面不如他人的自我意识和自己瞧不起自己的消极心理，是由主观和客观原因而造成的。

人的自卑感实际上是一种消极的心理暗示造成的，比如“我不行”、“我做不好”等，对自己的能力、才华、优势等没有一个正确的认识，妄自菲薄。在实际行动中表现为：做事畏首畏尾、瞻前顾后、心理素质低下、不能经受较强的刺激、小心谨慎、容易多愁善感等。如果一个人长时间处于自卑的状态下，他既会感觉自己哪方面都比不上别人，又害怕别人瞧不起自己，于是变得越来越敏感、很容易怀疑别人、喜欢独处而不愿与人交往。这种自卑的心理还使他们不敢在公共场合说话，对待工作和学习总是很消极，总是一副苦大仇深的样子。自卑的人自觉地把自己划入了弱者的行列，因此他们并不在乎成功与否，只是消极地服从，谨慎地逃避责任。这种自卑心理具有很大的危害，它既能使人的心理失衡，也会使人的生理发生变化，尤其是对心血管系统和消化系统的影响最大。而生理上的不良变化反过来又影响心理变化，加重自卑心理。在自卑心理的作用下，人遇到困难、挫折时往往会出现焦虑、泄气、失望、颓丧的情感反应。一个人如果做了自卑的俘虏，不仅会影响身心健康，还会使聪明才智和创造能力得不到发挥，使人觉得自己难有作为，生活没有意义。

自卑是人人常见的一种心理现象，自卑与生俱来，人人都有，无论圣人贤士、帝王富豪还是布衣寒士、贩夫走卒，在潜意识里都是充满自卑感的，真所谓“天下无人不自卑”，几乎所有的人都存在自卑感，只是表现的方式和程度不同而已。

通常说来，大多数人的自卑感形成于幼年时期。在家里，父母就是权威，我们需要依赖父母的哺育和支持，因此在父母面前，我们属于弱者，而作为父母，他们也认为我们是弱小的。由此一来，在潜移默化中，在我们幼年时的潜意识里就自然形成了一种“我是弱小的”这样的自卑感。这种感觉从形成之日起就会一直伴随我们到少年、中年甚至是老年。当然，当我们意识到这一点时，如果任何事情都能往积极的方面去想就会更有自信一些，而如果你向消极的方面靠拢就会使你多一些自卑。

事实上，每个人的人生道路都不可能是一帆风顺的，都会随时遇

到这样或那样的困难、挫折、阻碍等等，这些都是促使人形成自卑心理的重要因素。

在现实生活中，自卑心理在任何年龄段和任何人身上都有可能形成。如果一个人才能平庸，生活窘迫，事业颓败，就很容易产生自卑心理，感慨上天的不公和人生的无奈，以致于始终陷入一种悲观失望的情绪当中而无法自拔。如果一个人通过自己的不懈努力，工作有了成绩，事业也比较顺利，但总害怕失去已有的一切，于是就总会感觉未来不明、前途渺茫。还有的人随着年龄的增长，感慨岁月不饶人，青春一去不复返等等。这些都属于自卑心理。长此以往，人就会感觉越来越压抑、意志消沉、毫无信念、自我怀疑、自我否定，严重的甚至会导致我们平常所说的心理障碍。

当然，自卑心理也并不是无法消除的，我们可以依照以下几种方法来摆脱自卑心理。

1. 认清自己的想法

有时，问题的关键并不在于我们想什么，而在于我们如何去想。哲学家斯宾诺莎说过："由于痛苦而将自己看得太低就是自卑。"简单一点来说就是妄自菲薄、自己看不起自己。悲观的人常常会心情抑郁，而无法摆脱这种情绪。所以先要改变带着墨镜看问题的习惯，这样才能看到事情明亮的一面。

2. 放松心情

努力地去放松心情，不要想不愉快的事情。或许你会发现事情真的没有原来想的那么严重，会有一种豁然开朗的感觉。

3. 幽默

学会用幽默的眼光看事情，轻松一笑，你会觉得其实很多事情都很有趣。

4. 与乐观的人交往

与乐观的人交往，他们看问题的角度和方式，会在不知不觉中感染你。

5. 尝试一点改变

先做一点小的尝试。比如，换个发型，画个淡妆，买件以前不敢尝试的比较时髦的衣服……看着镜子中的自己，你会觉得心情大不一样，原来自己还有这样一面。

6. 寻求他人的帮助

寻求他人的帮助并不是无能的表现，有时候当局者迷，当我们在悲观的泥潭中拔不出来的时候，可以让别人帮忙分析一下，换一种思考方式，有时看到的东西就大不一样。

7. 要增强信心

消除自卑的关键还是在于自己。只有自己首先相信自己，对未来充满信心，并乐观地对待每一天，才能使自己生活得更快乐。悲观的人通常并不是缺乏工作或做事的能力，他们缺少的就是自信。他们自我评价极低，总觉得自己这也做不好，那也做不好。有句话说得好："你说行就行"。面对某件事情的时候，假如你觉得自己能行，可以做，那么你就会付出最大的努力去面对它。同时，你知道这样继续下去的结果是那么诱人，当你全身心投入之后，最后等待你的就是"是的，你做到了"；相反，假如你觉得自己做不来，自己的行为就会受到这个意念的干扰，没有了行动的动力，大好的机会就会在你眼前溜走。因为你一开始就觉得自己做不来，所以即使失败了也会为自己找各种各样的借口："看看吧，我说我不行的，真的是做不来！"

8. 正确认识自己

正确认识自己首先要正视自己的过去。要对曾经的成绩有一个恰当的分析与评价。当然，我们说了，这个自我评价要恰当，不要过高或者过低，因为这关系到你能否清楚地认识到自己的缺点和不足，能否正确地了解自己的实力、各方面的素质等。因此，正确地认识自己，首先要实事求是，既不夸大自己，也不妄自菲薄，这样才能明确自己将要追求的目标。尤其要注意扬长避短，将自卑的压力转化为发挥自己长处的动力，从自卑中超越。

9. 客观全面地看待事物

一个有自卑心理的人，往往会更多地看到事物不利于自己的一面，而忽视了对自己有利的、积极的一面，不能对事物进行客观的分析与判断。为了消除自卑心理，我们需要努力提高自己透过现象抓本质的能力，能够发现事物积极的一面，特别是要善于发现自己的潜力和优势，而不是哀叹命运的不公，感慨生活的无奈。

10. 积极与人交往

不要总觉得别人看不起你而不敢与人交往。要消除这样的不良心理，首先你要自己看得起自己，要知道你并不比任何人差。这样，别人也会对你刮目相看，你甚至可能从别人身上获得赞美和鼓励。积极与他人交往，可以从中学习别人的优点，这样在与人交流的过程中，自己的能力也得到了提高，更不会产生由于什么都不懂，什么都不知道，孤陋寡闻而不敢与人交往的自卑感。

11. 在积极进取中弥补自身的不足

很多自卑的人都是较为敏感的，很容易将外界的信息理解为一种消极的暗示，从而加重了自卑感而难以自拔。当然，假如我们能够正视自己的缺陷，并努力去改正它们，奋发向上，积极乐观，一定会获得更多的快乐，从而增强自信，摆脱自卑。

治疗七：缓和暴躁

缺乏意志力的人，很难控制自己的情绪，经常是突然间就会怒发冲冠，显示出自己暴躁的性格。

暴躁最明显的表现就是极易愤怒。尤其是那些血气方刚的年轻人，暴躁起来往往不管不顾。通常是两句话说不对头，或为了一点小事情就大打出手，造成十分严重的后果。

其实，愤怒是一种很正常的情绪，它本身不是什么问题，但如何表达愤怒则是个问题。有效地表达愤怒会提高我们的自尊感，使我们在自己的生存受到威胁的时候能勇敢地战斗。

脾气暴躁，经常发火，不仅是强化诱发心脏病的致病因素，而且会增加患其他病的可能性，它是一种典型的慢性自杀。因此为了确保自己的身心健康，必须学会控制自己，克服爱发脾气的坏毛病。

那么如何才能很好地抑制自己暴躁的情绪，和谐地融入他人之中呢？一方面要提升自己的修养，另一方面还需要亲人和朋友的帮助。科学家通过实验指出：如果改善自己的行为方式，那么死亡率和心脏

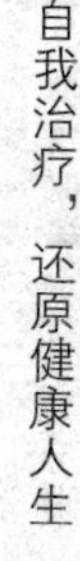

病复发率就会随之降低。暴躁的人要有意识地进行自我控制，减少发火的次数和强度。在即将要怒发冲冠之时，首先要用意念控制自己，告诉自己一定要冷静、保持理性，还可进行自我暗示：“别发火，发火会伤身体。”有涵养的人一般能控制住自己。同时，及时了解自己的情绪，还可向他人求得帮助，使自己遇事能够有效地克制愤怒。只要有决心和信心，再加上他人对你的支持、配合与监督，你的目标一定会达到。

一般来说，性格暴躁的人都有如下的一些表现：

1. 情绪不稳定。他们往往容易激动。别人的一点友好的表示，他们就会将其视为知己；而话不投机，就会怒不可遏。

2. 多疑，不信任他人。暴躁的人往往很敏感，对别人无意识的动作，或轻微的失误，都看成是对他们极大的冒犯。

3. 自尊心脆弱，怕被否定，以愤怒作为保护自己的方式。有的人希望和别人交朋友，而别人让他失望了，他就给人家强烈的羞辱，以挽回自己的自尊心。这同时也就永远失去了和这个人亲近的机会。

4. 不安全感，怕失去。

5. 从小受娇惯，一贯任性，不受约束，随心所欲。

6. 以愤怒作为表达情感的方式。有的人从小父母的教育模式就是打骂，所以他也学会了用拳头作为表达情绪的唯一方式。甚至有时候，愤怒是表达爱的一种方式。

7. 将别处受到的挫折和不满情绪发泄在无辜的人身上。

应当说，性格是一个人文化素养的体现。大凡有文化、有知识、有修养者，往往待人彬彬有礼，遇事深思熟虑，冷静处置，依法依规行事，是不会轻易动肝火的。而大发脾气者，大多是缺乏文化底蕴的人，他们似干柴般的暴躁性格，遇火便着，任凭自己的性情脱缰奔驰，直至撞墙碰壁，头破血流，惹出事端。

所以，总是易暴躁的人，提高自己的素质修养刻不容缓。

下面的八条措施将帮助你完成改变暴躁性格这一心理、生理转变过程，臻于性格的完善。

1. 承认自己存在的问题

请告诉你周围的人，你承认自己以往爱发脾气，决心今后加以改进。要求他们对你支持、配合和督促，这样有利于你逐步达到目的。

2. 保持清醒

当愤愤不已的情绪在你脑海中翻腾时，要立刻提醒自己保持理性，你才能避免愤怒情绪的爆发，恢复清醒和理性。

3. 推己及人

把自己摆到别人的位置上，你也许就容易理解对方的观点与举动了。在大多数场合，一旦将心比心，你的满腔怒气就会烟消云散，至少觉得没有理由迁怒于人。

4. 诙谐自嘲

在那种很可能一触即发的危险关头，你还可以用自嘲从危机中解脱出来。“我怎么啦？像个3岁小孩，这么小肚鸡肠！”幽默是卸掉发脾气的毛病的最好手段。

5. 训练信任

开始时不妨寻找信赖他人的机会。事实会证明：你不必设法控制任何东西，也会生活得很顺当。这种认识不就是一种意外收获吗？

6. 反应得体

受到残酷虐待时，任何正常的人都会怒火中烧。但是无论发生了

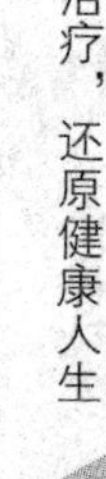

什么事，都不可放肆地大骂出口。而应该心平气和、不抱成见地让对方明白，他的言行错在哪儿，为何错了。这种办法给对方提供了一个机会，在不受伤害的情况下改弦更张。

7. 贵在宽容

学会宽容，放弃怨恨和报复，你随后就会发现，愤怒的包袱从双肩卸下来，显然会帮助你放弃错误的冲动。

8. 立即开始

爱发脾气的人常常说："我过去经常发火，自从得了心脏病，我认识到以前那些激怒我的理由，根本不值得大动肝火。"请不要等到患上心脏病才想到要克服爱发脾气的毛病，从今天开始修身养性不是更好吗？

一位哲人说过："谁自诩为脾气暴躁，谁便承认了自己是一名言行粗野、不计后果者，亦是一名没有学识、缺乏修养之人。"仔细想，这句话还是很有道理的，"腹有诗书气自华"。希望我们都能控制自己的消极情绪，成为一个有知识、有文化、有修养的人。

脾气尽管是与生俱来的，但还是能够进行自我控制的。勤于学习，用知识武装自己的头脑，是控制不良脾气的最佳方法。知识的增长，会促进修养提升，再加上法纪观念的增强，暴躁的脾气自然会被意志紧紧束缚，不会因此而招惹是非。即使是火暴脾气刚刚被点燃，也会被自觉的意识所制约，最终把上蹿的脾气压下，把不良后果消灭在萌芽状态。

治疗八：甩掉后悔和恐惧

后悔之心对意志的产生具有十分消极的影响，一个人如果对自己的行为感到了后悔，那么，他就很难再继续坚持下去。人们之所以会有后悔之心，可能是因为在做出决定之前已经想到了可能产生的后果，一旦由于疏忽大意或其他一些情况的发生，对这种危险的信号未加注意的话，人就会产生强烈的后悔情绪，因为他已经接近成功了，只由于一念之差发生了重大遗漏。

还有一种后悔来源于盲目乐观。决定者在进行决策的时候，刻意忽略那些对行动不利的信息，包括行动的困难、可能的危险等等均不予考虑。因为事先没有任何心理准备，也没有任何有效的应急措施，所以，在发生突发事件时，决定者只剩下惊恐和懊恼，临时利用手头的力量补救一下，但终因补救措施的非系统化、非严密化而收效不大。

还有一部分人是经常后悔，而且后悔的原因都是相似的，他们的错误通常不属于新的错误，而是多次犯同样的错误。因为，他们每一次的后悔都仅仅是一种情绪的反应，并没有深深地触及认知结构，没能很好地剖析失误的原因和吸取发人深省的教训。

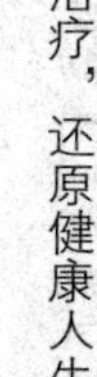

既然我们已经知道内疚后悔对我们丝毫无益，那就从现在开始，将它们从你的内心里完全清除！

1. 做自己决定的事。这样，如果有人不赞成你的某些行为，你可以认为这是正常的，关键在于你要对自己表示赞许。得到他人的赞许是令人愉快的，但也是无关紧要的。一旦你不再需要得到他人的赞许，就不会因自己的行为受到反对而内疚、悔恨了。

2. 将你自己所做过的各种错事列成清单。根据从1—10的标准评分，标明你对每件事的后悔程度，并且将各种错事的分数加起来，想一想分数高低对你的现状有什么影响。你会发现现实依然是现实，一切后悔都是徒劳无益的。

3. 客观分析自己行为的各种后果。不要根据直觉来判断生活中的是与非，判断的标准应当是看你的行动是否使自己精神愉快，是否有助于你向前发展。

恐惧是人类最大的敌人。不安、忧虑、嫉妒、愤怒、胆怯等，都是恐惧的又一种表现。恐惧剥夺人的幸福与能力，使人变为懦夫；恐惧使人失败，使人流于卑贱；恐惧比什么东西都可怕。

恐惧能摧残一个人的意志和生命。它能影响人的身体健康，伤害人的修养，减少人的生理与精神的活力，进而破坏人的身体健康。它能打破人的希望、消退人的意志，使人的心力“衰弱”至不能创造或从事任何事业。

在美国19世纪50年代，有一天，一位黑人家里的一个10岁的小女孩被母亲派到磨坊里向种植园主索要50美分。

园主放下自己的工作，看着那黑人小女孩敬而远之地站在那里，便问道：“你有什么事情吗？”黑人小女孩没有移动脚步，怯怯地回答说：“我妈妈说想要50美分。”

园主用一种可怕的声音和斥责的脸色回答：“我绝不给你！你快滚回家去吧，不然我用锁锁住你。”说完继续做自己的工作。

过了一会儿，他抬头看到黑人小女孩仍然站在那儿不走，便掀起一块桶板向她挥舞道：“如果你再不滚开的话，我就用这桶板教训你。好吧，趁现在我还……”话未说完，那黑人小女孩突然像箭一样冲到他前面，毫无恐惧地扬起脸来，用尽全身气力向他大喊：“我妈妈需要50美分！”

慢慢地，园主将桶板放了下来，手伸向口袋里摸出50美分给了那黑人小女孩。她一把抓过钱去，便像小鹿一样推门跑了，留下园主目瞪口呆地站在那儿回顾这奇怪的经历——一个黑人小女孩竟然毫无恐惧地面对自己，并且镇住了自己。在这之前，整个种植园里的黑人们似乎还从未敢想过。

要想战胜恐惧，最好的方法与最佳的人选还在我们自己身上，指望别人的帮助是无用的。走出恐惧的荒漠最终凭借的是我们自身的力量与决心。

克服恐惧看起来非常困难，但改变却在一念之间。其实，生活中有很多恐惧和担心完全是由我们内心里想象出来的，想要驱除它必须在潜意识里彻底根除它。

拿出一点勇气与行动给自己，就当是脱掉“胆小鬼”的帽子吧。告别恐惧的心理，才能爆发出强烈而持久的创造力，否则我们将在极度的恐慌中度过一年又一年，终无所成，还累了繁忙的大脑，让心脏承受不必要的负担。

治疗九：添加自信

有一位名人说过：大人物与小人物的区别在于有没有意志力和自信心，只要具备了意志力和自信心，除了违反法律的事以外，世界上没有事能难倒你。

你在挑战面前，心里总是害怕，害怕什么呢？担心做不好，结果不理想怎么办？这说明，你缺乏自信心。

缺乏自信心的人出现紧张的频率最高，你若自信心不强，做事情一定是唯唯诺诺，瞻前顾后甚至摇摆不定，没有准确的主意。要果断作决定，不要遇事慌乱手足无措。

成功意味着许多美好、积极的事物。成功是人生的发展目标。人人都希望成功，每个人都想获得一些美好的事物。每个人都希望自己是自己人生的主宰，没有人喜欢巴结别人，过一种平庸的生活，也没有人喜欢自己被迫进入某种状态。

人生最实用的成功经验，就是“坚定不移的信心能够移山”，可是，在我们的生活中，真正相信自己能移山的人并不多，而真正移山的人就更少了。

虽然我们无法靠希望移动一座山，也无法靠希望实现你的目标，但只要你有信心，你就能移动一座山。只要你相信你能成功，你就会赢得成功。

可能你会说，我很勤奋，但就是对自己缺乏信心，不相信自己能够成功。的确，这是一种消极的力量。当你心里不以为然或怀疑时，就会想出各种理由来支持你的“不相信”。怀疑、不相信，潜意识要失败的心理倾向，以及不是很想成功的心态，都是失败的主要原因。

下面是几种增强自信的方法：

1. 在聚会、开会等场合，你要专挑前面的位子坐。可能你已经注意到，在上述场合，后面的位子总是最先被坐满。大部分占据后排座位的人，都希望自己不会太显眼，而他们怕受人注目的原因就是缺乏自信心，坐在前排能建立你的信心，你可以把它当成一个规则试试看，从现在开始就尽量往前排坐。坐前排是比较显眼，但成功又何尝不是一种显眼呢?

2. 把你走路的速度加快25%。心理学家将懒散的姿势、缓慢的步伐跟对自己、对学习以及对别人的不愉快感受联系在一起。但是，姿势和速度可以改变，你可以借着这种改变来改变你自己的心理状态。如果你仔细观察会发现，身体语言是心灵活动的结果。那些屡遭打击、被排斥的人，连走路都拖拖拉拉，完全没有自信心。所以，使用这种加快25%的方法，抬头挺胸走会好一点，你就会感到你的自信心在滋长。

3. 经常练习当众发言。在生活中，你会发现，有许多思路敏捷、天资很高的人，却无法发挥他们的长处参与讨论，不是他们不想参与，而是因为他们缺少信心。尽量当众发言，就会增加信心，下次发言就更容易一些。所以，从现在开始，你不要放过任何一个发言的机会，不要怀疑自己，你的发言的确很精彩。

4. 要时常放声大笑。笑是治愈人不良情绪的一剂良药，它能给人带来一股强大的推动力。而且，笑还能够化解与他人的矛盾。放声大笑，你会觉得整个世界都变得美好了。此时此刻，你就放声地大笑一次，然后体会一下其中的滋味。

5. 时刻鼓励自己，相信自己一定能做到、做好。心里要有这样的信念："我说行就行"，"别人能行，我也能行"。你可以在课桌上、床前贴上写有激励自己话的小纸片："我行，我能行，我一定行。""我是最好的。"在早晨起床时、晚上睡觉前都在心里默念，在准备发言前、与人交往前，尤其是遇到困难和挫折时都要反复地告诉自己："我能行"。久而久之，就会通过自我积极的暗示机制，鼓舞自己的斗志，增加心理力量，使自己逐渐树立起自信心。

6. 要注重自己的仪表。一套干净、笔挺的西装会让一个男人看起来更加庄重，一袭美丽的长裙会让一个女人看起来更加迷人。可见，恰当的仪表可以获得别人的赞赏和好评，从而增强人的自信心。因此，自卑的学生尤其要注意自己的仪表，好好装扮自己。在出门前，或者在课间，多照镜子，保持发型美观，衣着整洁、大方。当你的仪表得到别人的夸赞时，你的自信心一定会油然而生。

7. 练习正视别人，提高自我胆识。一个人的眼神可以透露出许多有关他的信息。不敢正视别人是胆怯、心虚的表现。而大大方方地正视别人，等于告诉他人："我诚实，而且光明正大，毫不心虚。"因此，在学习和工作中经常提醒自己要面带微笑，正视别人，用温和的目光与别人打招呼，用点头表示问候，用聚精会神、专心致志的听讲表示对他人的理解与支持。这种练习不但能增强你的亲和力，而且能为你赢得别人的信任，强化你的自信心。

8. 挺起胸膛，让步履轻松稳健。心理学家告诉我们，步态的调整，可以改变心理状态。你若仔细研究就会发现，那些稍微遭受教师批评，受到同学排斥的学生，走路时都是懒懒散散、拖拖拉拉的，完全没有自信。自信的人走起路来则是胸膛直挺，步子稳健轻松。挺起胸膛，相信自信心会慢慢增长。

治疗十：注射目标

目标，在人的意志行动中，在人生的成功之路上，有着巨大甚至神奇的作用。

拿破仑曾经说过："有了目标，内心的力量才会找到方向。"而那些没有目标的人就很难成功。面对光怪陆离、变化多端的花花世界，对一个有着丰富阅历的成年人来说，要能坚持自己确定的追求目标并时刻保持内心的执着与矜持尚属不易，更何况那些多少总还是有些稚嫩的年轻人，相信就更是难上加难。

弗洛伊德在抒发自己追求成功的心声时说："心理学是我的目标，它在远方不停地向我召唤。"一切成功几乎就是一个人追求和实现自己目标的过程。

一个人要想取得成功，他为成功所付出的行动就一定要有的放矢。所谓“矢”即箭，“的”即箭靶子，有的放矢就是说我们凡事一定像对着靶子射箭，比喻无论言论、行动都要有明确的目标，否则就会前功尽弃。

通常情况下，人们会把看得见的目标视为目的，而把看不见的目的当作目标。然而，就其本质而言，目标不过是对目的“矢量化”的结果而已。也就是说，目的是有形的目标，目标是无形的目的。

应该看到，目的总归是一个只有大小、没有方向的标量，而目标则是一个既有大小又有方向的向量。就目标的本质而言，目标是对目的矢量化的结果，正是目标赋予目的以方向。唯有如此，我们才能很好地理解和解释，为什么古人造字以“羊木为样”，以“目木为相”，而以“示木为标”的道理。

目标这个概念，很容易使人想到比武中的“百步穿杨”或战争中的“攻城拔寨”。目标就是为弓箭、枪炮等兵器准备的。为了取得胜利，总是希望“指哪儿打哪儿”，而“打哪儿指哪儿”则必败无疑。人们甚至可以从百发百中的狙击手，以及手执冲锋枪靠射击密度壮胆的新兵身上，找到某种获得成功的灵感。

人生有了目标，我们的生活就会变得充实，变得有目的，有追求，一切似乎清晰、明朗地摆在你的面前。什么是应当去做的，什么是不应当去做的，为什么而做，为谁而做，所有的问题都是那么明显而清晰。

一个人未来的一切皆取决于他的人生目标。浅尝辄止、安于现状、不思进取的人不会做出什么大的成绩。而一个有着远大目标的人，却会自觉地超越自我，拓宽思路，扩充知识；他有足够坚强的意志，激励自己做出更大的努力，争取更好的结果。

那么，在我们人生路程中怎样树立自己的目标呢？不妨从以下方面着手：

1. 设定人生三大目标

（1）设定核心目标。

每一个人设定目标一定要从多方面考虑，要有金钱方面、事业方面、人际关系方面、家庭生活方面，每一个大大小小的目标都应设定出来，然后去实现它。

你最想要实现的，一旦这个目标实现了，其他的目标几乎也跟着实现的目标被称做核心目标。

一旦你设定这个核心目标，并全力以赴朝这个目标去做，那么只要实现这个目标，几乎其他的也都会跟着实现，这就是设定核心目标的好处。

当你使用这个方法以后，就会发现你的人生开始产生了很大的转变。首先要有年度的核心目标，其次是5年的核心目标，乃至10年—15年的核心目标。

应用这样的方法使目标实现，连续3年后你就会发现，它非常有效。

你大可用这个方法来帮助你设定目标。这是设立目标的关键所在。

（2）设定主次目标。

一个人可能会有多种兴趣、爱好、欲望和多种机会、条件，因而也有多种目标不忍舍弃，这时该怎么办？还有，人生的基本需要包括事业、经济、健康、家庭等，这些目标对大多数人来说，几乎是同等重要的，我们该如何区分主次？

对于爱新觉罗·启功这个人，大家所熟悉的就是他是书法界的泰

斗，但多数人都不知道他还是中国有名的画家、考古学家。启功的书法赫赫有名，而实际上他的主要目标在于考古学，书法是他的次要目标。我们都知道，毛泽东是一位伟大的军事家、政治家，同时他对诗词兴趣浓厚，并写下了许多流传千古的名篇。但是，实际上他选择的人生目标是：建立一个没有剥削和压迫、人民当家作主的新中国。诗词尽管是爱好，毛泽东也只是把它作为次要目标。

任何一项事业，都如同一口深井，要掘出甘甜可口的清泉，得花大力气、下大功夫才行，许多事业，即使终生奋斗，时间还是不够。

一般情况下，追求成功的人，至少在一段时间里，一定要在众多的爱好或机会中，选择一个人生奋斗的主攻目标进行尝试。起码在短期目标的安排上，要明确目标的主次。把不能割舍的兴趣爱好或机会，当做次要目标去对待。

（3）设定终极目标。

确立目标的原则能够适用于人生不同的阶段，但是最基本的目标即人生的终极目标，则是决定于个人最重要的观念或价值观。我们每个人都应该时刻想着自己的人生目标，并不断努力朝着这个方向迈进，不能有所违背。

确立一个目标之后，做任何一件事情都要先认清方向。这样一来，不仅能够对目前所处的状况了解得更透彻，而且在追求目标的过程中，也不致误入歧途，白费工夫。

在人生的旅途中，有许许多多的岔路口，稍一疏忽就会走上歧路。很多人整日奔波忙碌，却不知为什么，到头来反而发现走错了路，但为时已晚。所以，有些人虽然忙碌，却不见得有意义。

很多人成功之后，反而会觉得内心空虚，因为他们发现在追逐成功的道路上丢失了更可贵的东西。在现代社会，竞争日趋激烈，很多人都在追求更多的财富或更高的声誉，然而，他们往往被名利所蒙蔽，付出了昂贵的代价。所以，我们一定要设定正确的目标，然后勇往直前、坚持到底，使生命充满意义。

2. 目标实施的步骤

古谚云：你自己的木材要你自己砍，你自己的水要你自己来挑。同样的道理，你生命中的主要目标要你自己去塑造，立刻行动吧，渴望成功的人！

拿破仑·希尔就此揭示了“目标实施”的几个主要步骤：

（1）将目标数字具体化。应该记住，你如果只是笼统地说“我需要很多很多钱”，那是没有用的。你必须确定你追求的成功的具体标准。比如，挣多少钱，当多大的官，取得什么科学成果，等等。

拿破仑·希尔曾举过这样一个例子：

同样是做房地产生意，汤姆计划向银行贷款大约12000万美元，而约翰则向银行贷款11919万美元。

最后，银行贷款给约翰，而拒绝了汤姆的贷款请求。

在银行主任看来，约翰的预算具体且考虑很周到，说明约翰办事仔细认真，成功的希望较大。由此看来，确立你想要的具体数字非常重要。

（2）将目标逐一击破。一旦写出第一个5年计划的具体数字并做出承诺后，以后的步骤就非常简单了，同时，它们正是获得成功所必须运用的关键，即各个击破。

使你的5年宏伟目标获得成功的秘诀是化整为零，每天做一点能做到的事。

第一，将你的目标分成5份。你把5年目标分成5份，变成5个1年目标，那你就可以确切地知道从现在到明年的此刻你必须完成的工作了。

第二，将每年的目标分成12份。祝贺你，你将进一步有了每月的目标了。如果要落实你的5年计划，你现在就更能清楚地了解从现在到下月的此时你应该完成什么了。

第三，将每月的目标分成4份。现在你就可以知道下星期一早上必须着手做什么。同时，唯有如此，你才会毫不迟疑地去做自己该做的事，然后，继续进行下一步。

第四，将每周的目标分成5—7份。用哪个数字划分，完全取决于你打算每周用几天从事这项工作。如果你喜欢一周工作7天，则分成7份。如果认为5天不错，就分成5份。自动选择哪一种全靠你自己。但是，不论作何种选择，结果都是一成不变的：为了成功，我今天必须做什么？

当你从头至尾采取这种程序后，每天早晨就会胸有成竹地奔向坚定不移的目标，日复一日，年复一年，直至到达你最喜爱的乐土。

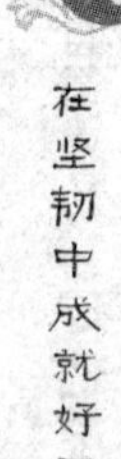

治疗十一：清除毛病

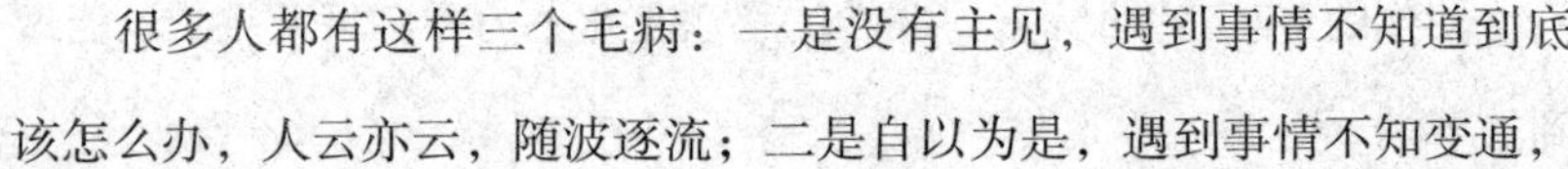

很多人都有这样三个毛病：一是没有主见，遇到事情不知道到底该怎么办，人云亦云，随波逐流；二是自以为是，遇到事情不知变通，

听不进去别人的意见和劝告，导致失败；三是纠结。那么，下面就对这几种常见的意志力毛病进行治疗。

1. 没有主见

我们先来讨论一下没有主见。缺乏主见的基本问题在于缺乏思想。思考孕育各种丰富多彩的观点和想法。

只有在意志力作用下，并且通过三种方式：迫使自己努力，这需要意志力；读书，这需要深刻地理解；观察，这需要专心致志，才能逐渐形成思想。因此，我们改正这个缺点时也就可以从这三个方面着手。下面是两个有效的练习方法：

方法一：

如果你对正发生在自己身上的事情，没有进行清晰的观察，那么你应该决定立即进行观察。明辨真伪地进行观察，是一门伟大的艺术。聪明人能够洞察别人看见而没有放在心上的东西。

你应该下决心洞悉事情的真相。这意味着你需要发掘事情表面之下的真实情况。你可以从任何普通事物入手：土地、草坪、家具等。一段时间以后，你开始感兴趣，你将发现自己开始思考了。

你也会拥有很多观点，因为你将了解很多事情。

方法二：

你需要发现自己在哪些方面无知，这相对容易。然后你就可以开始着手发现某些特定问题的真相。

进行调查，提出问题，阅读报纸、杂志和书刊。将计划坚持到最后，对问题刨根问底。不允许自己转移目标。在一个问题上，成为活的百科全书。只有当你对一个问题筋疲力尽时，你才会获得真知。

然后，你将开始兴致勃勃地研究下一个问题，深入挖掘直至获得

它最后一点儿价值。结果就是，你拥有更多主张和看法。

需要指出的是，改变你没有主见的方法是很少的，但是一定不要忽视。在练习的过程中，你会发现获得真正有价值的知识或观点是很不容易的，并且逐渐培养属于自己的观点。人们之所以没有主见，是因为他们知道自己并没有什么真知灼见。如果自己有了足够的知识和信息，他们就开始不接受别人居高临下的权威态度。

缺乏意见等于缺乏知识。后者是前者的唯一解药。但是如果一个人没脑子，就无药可救了。没脑子，所谓的意见只是愚者的呓语。对于那些没有脑子的人，造物主也束手无策，爱莫能助。这是令人绝望的结局。

2. 自以为是

接下来我们来治疗自以为是这一病症。自以为是，说穿了就是盲目的灵魂运用了顽固不化的意志力。自以为是的人的眼里只有他自己。他的意愿既强烈积极又顽固迟钝。这种情况之下的意志，或多或少出现了一些问题，因为自我没有形成适当的人生观。

主观上，自以为是的人认为自己懂得一切人和事，但是实际上他的看法是模糊不清且偏颇片面的。只要他能够懂得稍微多一点，就会形成不同的观点。他只看到盾牌的银边，他还应该看到另一面，但是他做不到这一点。事物的某些方面呈现在他眼前，他不能深入发现事物的其他方面。

人们表达出来的观点，不是他们真正的想法，因为他们行为的真正动机是深藏不露的。这样导致自以为是的人做出的判断一般都是错误的。这就像女人很大程度上依赖她们的直觉，结果暴露出自己欠缺考虑的缺陷。这个缺陷简直不可救药，因为直觉经不起理性检验。当直觉正

确时，她们只是在锦上添花；当直觉错误时，她们就会陷入绝望。

真正的问题在于，自以为是的人只从自身出发看问题，过分夸大了自己的个性。主观的判断，将世界的联系和观点拒之门外，因此变得狭隘而固执。

谁不曾在真理面前屈服，

真理就将远远地超越他的思想。

但他错把自己当做上帝，同样仁慈，

睁大双眼，却视而不见。

睁着双眼——盲目而固执：

他的灵魂是整个世界，不断产生伟大的“观点”，

但是遭到世人耻笑，连造物主也无可奈何。

这样自以为是的缺点，只有在真正意识到别人的个性特征时才能得以根除。有些人从来没有真正承认别人的存在。在他们看来，他人只不过是一些幻影，代表了生活中各种各样虚幻不实的现象；他们从来都不是有血有肉的人——拥有自己的感情和智慧，在现实的世界中兢兢业业。幻影怎么会有观点呢？只有他们自己是真实的，因此，只有他们自己才有权表达意见、陈述观点。事实上，他们并未理解其他人的思想。

所以，为了根治这种自以为是的“疯子”，必须挖掘问题的根源。一定要让这些人意识到，其他人同他相比毫不逊色。要根除这种自以为是的痼疾，必须将人道主义精神真实而具体地贯穿在其思想中。

为了做到这一点，在生活中，可以遵从如下建议。你的幸福在很大程度上取决于你对自己同类的认同。

方法一：

选一个朋友或熟人，想一想这个人的个性癖好，不要和自己进行

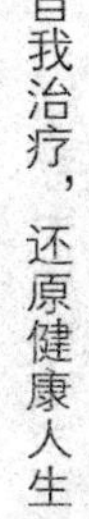

比较。了解他的行为方式，他的情感和心境，还有他的思想和动机。不管他的这些生活元素恰当与否，是对还是错，你不要为他做出评判，而只是了解他的本质和特点。

你会发现，他支持自己观点的理由是充分的。不要指责他的这些想法，因为这不是我们这里要做的事，而是要你生动鲜明地意识到这是他真实的生活。最重要的是，你逐渐把他看做和你一样在现实生活中真实存在的人。

方法二：

继续这个练习，换成生活中你碰到的其他人，直到你已经养成习惯，觉得自己交往的是现实生活中的男男女女。

方法三：

当你不再把他们当成幻影时，你生活中就会发生一件奇怪的事情：你会觉得自己以前的看法或多或少有些糊涂混杂，既不充分又毫无根据。

方法四：

一定要力求准确理解同你观点相反的看法。在把这些看法完全弄明白之前，你不能随随便便地把它们归于错误。

自以为是的人很少明白自己反驳的究竟是什么。充分了解他人的想法，会将你同他拉得很近，而同他的观点比较之后，你的观点，有可能并非如此无懈可击或不容置疑的正确。

你应该经常反省自己判断失误的情况，而且谁都敢肯定，你肯定有过判断失误的情况。如果犯过一次错误，那就可能犯过很多次错误。永远把这一点铭记于心。

你还应该回想自己在生活中所犯的错误。因为你所犯的错误，必将有人承受伤害。如果你能把这一点时刻铭记于心，也许可以稍微改变过于自信的态度。

3. 摆脱纠结

现代有一个敏感词——纠结，很多人说到这个词或听到这个词时都会很“纠结”，因此自己或多或少有些“纠结”。当今社会，压力大，成本高，竞争激烈，发展迅速，导致人们很容易迷失自我，不知道自己到底要什么，不知道自己到底该怎么办，因此只好“纠结”，纠结让现代人“很受伤”。面对纠结，很多人慨叹“伤不起”！

生活中有不少这样的人，当决定将要做什么时，他们对自己的意志力很自信。但是他们发现，实现当初的决定非常困难。他们不断权衡利弊，直至筋疲力尽；还未解决手头事项，头脑已然一片混乱，根本没有进行清晰的思考。

如果你有这个毛病——纠结，你一定要集中全部力量摒弃掉它。一件事情中的困难或多或少地与你自身素质有关，但是，无论如何都是能够克服的。

现在让我们用这些方法摆脱纠结：

（1）总是保持坚强决心。

（2）培养自我意识和自我控制的意识。

（3）要始终记得自己在哪里，在做什么。

（4）在任何情况之下，都不要让自己情绪激动或头脑混乱。一旦发现出现了这两种情况中的任何一种，放下手头的事情，直到自己恢复镇静再做决定。

如果事情不能拖延，那么唤起自己心中巨大的意志力，记住：“我一定要冷静！”然后做出尽可能明智的决定。下一次出现紧急情况

时，将得益于本次体验。

但是，不要将时间浪费在毫无意义的检查错误之中，保持头脑冷静，准备面对将来更为重要的事情。

（5）学会一次只想一件事情。不管正在干什么事情，都要全心全意去做。

（6）要把优柔寡断造成的问题和痛苦，转化成当机立断的决心。

（7）纠结拿不定主意时，单独思考一下做事动机。每次只考虑其中的一个动机，并且分析清楚。不要让其他想法分散注意力。审视动机时，迫使自己对每一个动机都形成鲜明认识，然后对整体有明确理解。随之重新衡量所有原因、利弊，尽量快速进行。

然后，下定决心！立即行动！可能要冒些风险，但是任何人都会冒风险，千万不要后悔自己做出的决定。

（8）至少在三个月时间内，每天早晨决定自己如何着装。迅速做出决定。固定着装步骤的准确程序。严格坚持自己的计划。不要放弃，不要犹豫。根据你的搭配，尽量每天改变着装次序。

坚持这个练习，直至可以面对突发事件迅速做出反应为止。